「個人化」される若者のキャリア

労働政策研究・研修機構 編

まえがき

　本書は、平成24年度から平成28年度に人材育成部門において進められたプロジェクト研究「経済・社会の変化に応じた職業能力開発システムのあり方についての調査研究」に位置づけられるサブテーマ「若年者の円滑な移行に関する調査研究」の研究成果をもとに取りまとめたものである。

　このプロジェクト期において、若者の雇用は全体として好調であった。しかし本書が取り上げる若者の移行過程の「個人化」は、90年代半ば以降、景気に関わりなく進行している現象である。本書は「個人化」された移行のいくつかのパタンを実証的に取り上げているが、日本社会で進む「個人化」の一端を取り上げたに過ぎない。今後さらに実証的な検討が進めば、若者の移行過程における「個人化」の全体像が浮かび上がるであろう。

　本書の研究が、若者の移行の変化を理解しようと考える方々のお役に立てば幸いである。

2017年3月
独立行政法人労働政策研究・研修機構
理事長　菅野和夫

目　次

まえがき

序　章　「個人化」される若者のキャリア ……………………………… 5
　　　　　　　　　　　　　　　　　　　　　　　　　　　堀　有喜衣

　第1節　問題意識 ……………………………………………………… 5
　第2節　近年の学校から職業への移行状況 ………………………… 7
　第3節　本書の構成 …………………………………………………… 9

第1章　戦後における若年者雇用政策の展開 ………………………… 12
　　　　　　　　　　　　　　　　　　　　　　　　　　　金崎　幸子

　第1節　はじめに ……………………………………………………… 12
　第2節　若年者雇用対策の変遷（バブル崩壊まで） ……………… 16
　第3節　若年者雇用対策の変遷（バブル崩壊以降） ……………… 24
　第4節　まとめと今後の課題 ………………………………………… 37

第2章　大学等中退者の移行プロセス－「個人化」される移行の課題－ … 43
　　　　　　　　　　　　　　　　　　　　　　　　　　　堀　有喜衣

　第1節　はじめに ……………………………………………………… 43
　第2節　大学等中退者の中退後の状況 ……………………………… 46
　第3節　中退者の労働市場への移行の困難 ………………………… 48
　第4節　中退に至るまでの経緯 ……………………………………… 52
　第5節　大学等中退者に対する支援を考える ……………………… 54

第3章　ニートの背景としての世帯と親の状況：
　　　　国際的な議論と日本の実態 …………………………………… 60
　　　　　　　　　　　　　　　　　　　　　　　　　　　小杉　礼子

目　次

第1節	はじめに	60
第2節	分析に用いるデータと基本属性	64
第3節	ニートが属する世帯	66
第4節	親の就業、収入、学歴	71
第5節	まとめ	75

第4章　新卒採用正社員の早期転職希望の背景 …… 79
岩脇　千裕

第1節	はじめに	79
第2節	転職希望者の基本的な特徴	81
第3節	勤務先事業所の雇用管理ごとの早期転職希望率	89
第4節	キャリア形成環境の安定性に対する認識のズレと早期転職希望	97
第5節	新卒3年未満正社員の早期転職希望の規定要因	102
第6節	おわりに	112

第5章　早期離職後の職業キャリア …… 119
小杉　礼子

第1節	はじめに	119
第2節	早期離職とその特徴	122
第3節	離職以降の就業状況と現職への主観的評価	128
第4節	まとめ	136

終　章　「個人化」される若者のキャリアへの支援 …… 139
堀　有喜衣

第1節	本書の知見	139
第2節	若者就労支援への示唆	140

付属資料 …… 145

索　引 …… 169

序章　「個人化」される若者のキャリア

堀　有喜衣

第 1 節　問題意識

　本書の目的は、90 年代以降日本社会で進展する若者のキャリアの「個人化」について実証的な調査を通じて把握し、政策的な支援のありようを検討することである。

　高度成長期以降、90 年代初めまでの日本社会においては、多くの若者が新規学卒一括採用を通じた就職をしていたが、その頃の若者にとっては高校を卒業して就職するというキャリアが多数を占めていた。当時の日本社会において主たる進路分化機能を担っていたのは高校階層構造であり（岩木・耳塚 1983）、80 年代にはどんな高校に進学するかによって、18 歳以降の進路を見通すことが可能であった。

　しかし 90 年代以降に生じた高学歴化と、若者の雇用の不安定化はこの様相を大きく変えた。90 年代半ば以降の高学歴化は進路決定の先延ばしを可能にしたが、同時期に若者が正社員として労働市場に移行することが急激に困難となり、かつその状況が 10 年ほど継続した。その後景気変動による影響を強く受けながら、本書執筆時の 2016 年現在においては若者の就職は好調ではあるものの、いつこの就職状況が変化をみるのか誰も予測はできない。日本の若者のキャリアは諸外国と同様、景気変動によって大きく左右されるものではあるが、現在の若者の学校から職業への移行は高度成長期から 80 年代までのように広く安定した状況には戻らないというだけではなく（堀近刊）、学校から職業への移行過程が不透明化したという点が以前とは大きく異なる。本書はこの移行の不透明化について、「個人化」という概念からアプローチする。

　「個人化」とは、社会学者ベックやバウマン、ギデンズらによって提唱された、現代社会を捉える上での社会学の重要なキーワードである。ベックの所論を詳細に検討した伊藤（2008，p.317）によれば、個人化の過程には、「人が伝統的な社会形態や紐帯から解き放たれ（＝「解き放ち」の次元）、行動に関する知識や信仰や規範について伝統が有していた確実性を喪失し（＝「脱魔術化」の次元）、そして社会の中にまったく新しいや

り方で組み込まれる」(という「再統合」の次元)が存在するという。すなわち個人化とは「人間の人生があらかじめ決められた状態から解き放たれ、(中略)個々人の決定に左右されるものになる」(Beck1998, p.266)ことを意味するが、産業社会からリスク社会へ移り変わる中で確実性が失われ、家族や安定的な職業集団のような緩衝材がなくなって、リスクが個人に直接降りかかるようになることも意味している。「個人化」は個人の人生の選択の幅を広げるものであるが、「社会の規範や価値の弱体化を個人への負荷を強めることで補おう」とする規範を要請するものでもあった(伊藤 2008, p.322)。

　「個人化」論については、日本社会学会の紀要である『社会学評論』において 2004 年に特集「『個人化』と社会の変容」が組まれ、また日本教育社会学会の紀要である『教育社会学研究』では 2005 年に「後期青年期の現在」において日本社会における「個人化」の進展による後期青年期(20代から 30代前半)の変化について特集を組んでおり、実証的な研究も少ないながら進展しつつある。他方で後期近代における日本の若者の移行過程についての代表的な研究である乾(2010)は、ベックらが描く「個人化」の諸相が日本の現実に比してやや過大であることに疑問を呈しているが、本書も乾の認識を共有している。日本的雇用システムは中核においては変わっておらず、システムの一部を構成する要素としての新規学卒一括採用は一定の地位を占め続けている。新規学卒一括採用はその名の通り新卒者を一括して採用するため、新卒者が「集団」として移行することを可能にする仕組みである。すなわち日本社会において新規学卒一括採用がメインストリームとして存在し続ける限りは、日本の若者の移行過程の「個人化」の濃度は全体としては低い。

　しかしながら新規学卒一括採用が円滑に機能するためには、所属集団(例えば学校)を通じて若者の移行が「集団」化されることが前提となっているわけだが、そうした緩衝材としての「集団」の凝集性や進路分化機能が弱くなっていることは数々の調査において確認されているところである。例えばかつて中堅以下の普通高校や商業高校、工業高校に行くということは卒業後にそのまま就職することを意味したが、90 年代半ば以降にお

いては専門高校においてすら高等教育への進学率が上昇し、様々な進路選択が可能になった。かつての移行を所属集団である高校の生徒が進学や就職など同じ方向に進んでいく「集団」としての移行と呼ぶのなら、現在の移行は多様な選択肢の中で自ら将来の進路を選んでいく「個人」としての移行の側面が強くなっている。すなわち学校によって「望ましい」進路が指し示されることもなくなり、かつてのような所属集団による制約が弱まったため、若者は自分の置かれた状況を斟酌しながら「主体的に」自分の進路を決めていかなくてはならないという点で「個人化」された移行となっているのである。

社会学系の研究領域ではすでに人口に膾炙し、やや手垢のついた感のある「個人化」というキーワードをタイトルに冠することにしたのは、今回の調査対象が特に「個人化」の側面を強く感じさせるものであったことによる。大学等中退者、若年無業者、早期離職者のいずれもが、あらかじめ予想された将来に進むことができなくなり、自ら行った決定に彼ら彼女らの将来が依存する状態に至っていた。言い換えれば、予想された将来から解き放たれ、個々人が「主体的」に進路を決定できるようになったとも言えるが、今回の調査対象からは「個人化」された状況において「自律」した若者像はあまり見出されず、一定の働きかけや支援が必要な層であることが浮かび上がった。こうした若者層は多数派ではないが、マイノリティとして括れるほど量的に小さなものとはいえず、かつ労働政策の手がまだ十分に届いていない。そこで本書は「個人化」をキーワードとして現代日本の若者の状況を整理し、政策的な支援について論じることとした。

第 2 節　近年の学校から職業への移行状況

本書が依拠するプロジェクト「若年者の職業への円滑な移行に関する調査研究」は 2012 年 4 月より 2017 年 3 月に実施されたが、若者の就職という点ではきわめてよい時期に行われたと言える。平成 24 年 3 月卒（2012 年卒）から平成 26 年 3 月卒の大卒の内定率は 93.6％、93.9％、94.4％、高卒は 96.7％、97.6％、98.2％と高水準で推移した（**図表序-1**）。こうした時

期には労働政策はきわめて楽観的な見通しを持ちがちであるので、もう少し遡って現代日本の若者の移行状況を整理したい。

図表序-2 は 2011 年の「就業構造基本調査」の二次分析から初職正社員比率の変化を示したものであり、本プロジェクトの成果の一つでもある。全体的に若い世代ほど初職正社員比率が低下しているが、景気変動によって多少上下がある。また女性の大卒者については男性の大卒者との格差が縮小しつつある。諸外国においても若者の雇用が景気変動の影響を受けることは知られているが、新規学卒一括採用が主流の日本社会においてはとりわけ入口である学卒者の採用が調整弁になりがちである。このプロジェクト期はおおむね好景気が継続したため、現在の見通しに基づけば今後もよい移行状況が続くと考えがちであるが、長期的に俯瞰すると今回対象と

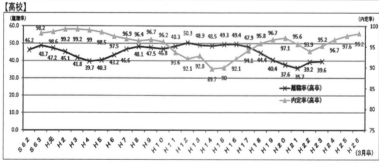

図表序-1　新規学卒者就職内定率と3年以内離職率

資料出所：厚生労働省の発表による
http://www.mhlw.go.jp/file/04-Houdouhappyou-11652000-Shokugyouanteikyokuhakenyukiroudoutaisakubu-Jakunenshakoyoutaisakushitsu/0000063217.pdf

序章：「個人化」される若者のキャリア

図表序-2 初職正社員比率の変化（高卒、大卒：在学中および「通学が主」である者を除く）

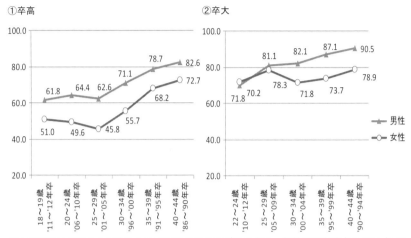

注：卒業年は年齢から推定したものであり若干のずれを含む。年齢は調査時点の2011年10月の年齢。
資料出所：労働政策研究・研修機構（2014, p.33）

なっている世代において良いということであり、景気が悪化した場合には移行が再び不安定化する可能性が極めて高いことを念頭に置く必要がある。したがって好景気の時期における実証的知見に基づく本書は、景気がよい時期を捉えたモノグラフである。

第3節　本書の構成

本書は以下のように構成される。

90年代半ばより若者の学校から職業への移行過程が不安定化したことは周知のとおりだが、その変化は政策的にどのように認識され対応されてきたのか。日本の若者支援政策の経緯や変遷について扱った研究は実のところあまり存在してない。そこで本書では第1章において、若者支援政策について整理を行った。「戦後における若年者雇用政策の展開」（執筆者：金崎幸子）は自らの行政経験を生かしながら、戦後日本においてどのよう

に若年者に対する雇用政策が展開してきたのかを詳述している。長期にわたり若者政策を俯瞰した論考は貴重な資料と言える。とりわけ政策の背後にある政策担当者の理念がにじみ出た記述である点が特徴であろう。

　第2章では、これまで研究が限られてきた大学等中退者の実証的な研究を扱う（執筆者：堀有喜衣）。新規学卒一括採用は所属集団を通じて「集団」としての移行を可能にしてきたが、大学等中退者の移行においてはほぼ同世代の若者であっても新規学卒一括採用が適用されない、「個人化」された移行の事例と見なすことができる。大学等中退者に対する大規模調査を活用した分析が行われる。

　第3章は、国際的な文脈における若年無業者について、「就業構造基本調査」の二次分析に基づき、国際的なカテゴリーと同様の分析を試みた（執筆者：小杉礼子）。若年無業というカテゴリーはそれぞれの社会の理念や文化を反映するものであり、日本においても「日本型」ニートという概念が用いられてきた。他方で国際的なカテゴリー化による分析は、日本では他にあまり例がない。なお第3章は、当機構が厚生労働省に協力したOECDのニートプロジェクトの成果である。

　第4章は、企業の雇用管理のあり方が若者の早期離職意向（「早期転職希望率」）に及ぼす影響について、「平成25年若年者雇用実態調査」を活用し、企業と若者双方から探ったものである（執筆者：岩脇千裕）。特にキャリアの安定性についての考え方の乖離に着目し、乖離を埋めるための政策的な提案がなされる。

　第5章は、実際の若者の早期離職がどこで生じているか、早期離職後の状況について第4章と同じ「平成25年若年者雇用実態調査」を活用した分析である（執筆者：小杉礼子）。特に早期離職後のキャリアについて整理されているのが特徴である。

　終章では以上の知見を受け、若干の政策提案を行いたい。

参考文献

伊藤美登里，2008，「U. ベックの個人化論 再帰的近代における個人と社会」『社会学評論』No.2, pp.316-330.

乾彰夫，2010，『＜学校から仕事へ＞の変容と若者たち－個人化・アイデンティティ・コミュニティ』青木書店．
岩木秀夫・耳塚寛明，1983，『現代のエスプリ　高校生』至文堂．
堀有喜衣，近刊，「若者のキャリア－学校から職業への移行における変化」労働政策研究・研修機構『日本的雇用システムの行方』．
労働政策研究・研修機構，2014，『若年者の就業状況・キャリア・職業能力開発の現状②－平成 24 年版「就業構造基本調査」より－』JILPT 資料シリーズ No.144.
Beck, 1988, *RISIKOGESELLSCHAFT Auf dem Weg in eine andere Moderne, Suhrkamp Verlag*,（＝1998, 東廉・伊藤美登里訳『危険社会　新しい近代への道』法政大学出版局．

第1章 戦後における若年者雇用政策の展開

金崎 幸子

第1節 はじめに

若年者雇用は、雇用システム全体の入り口にあって、他の社会的システムと密接に関連しながら動いている。特に、新規学卒者の定期採用は、「日本的雇用システム」のスタート地点であり、職場と隣接領域（教育、家族など）の接点でもある。就職することをもって「社会人になる」という表現に象徴されるように、教育の場から労働の場へ、家族による扶養から経済的な自立へと若者の移行が切れ目なくスムーズに行われることが、戦後の日本社会全体の安定を保つメカニズムの一端を担ってきた。

したがって、日本において、若年者の就職が困難な状況に陥るということは、労働市場の問題に留まらず、教育や家庭も含め、社会全体の安定性に関わる問題として受け止められる傾向がある。さらに、今後加速する少子高齢化の進行の中で、20世紀後半と比べて少ない数で超高齢社会を支えることになる若年者をどう育成するかという課題は、将来に向けて、これまで以上に重みを増していくこととなろう。

本章では、このような若者の雇用の社会的な位置づけを踏まえ、戦後、若年者雇用政策がどのように展開されてきたか、政策の重点と方向性はどのように変化してきたか、背景となる若年者労働市場の特徴とその変化との関連も含め、概観していく。

1．労働市場における若年者の位置づけ

戦後、新規学卒者の労働市場は、一般の労働市場とは異なるメカニズムによる需給調整の仕組みが構築され、未成熟な労働力であることを前提に、成長可能性（可塑性、将来性）を主な価値基準として、おおむね売り手市場で推移してきた。新規学卒者は、同じ労働者ではあっても、採用計画・採用枠において、一般労働者（在職者、中途採用者）とは競争的でない別枠の存在として位置づけられることが一般的であった。

本来は、外部労働市場に接する入り口として、真っ先に雇用調整の対象となってしかるべき新規採用であるが、新規学卒に関しては、採用チ

ャンスがおおむね年に1回しかないこと、また、長期的な視点から年齢構成のゆがみが生じないようにするという配慮などもあり、大企業を中心として、短期的な業績変動があっても、できる限り安定的な採用をめざす企業が多かった。

このような年1回（4月）の新規学卒者の定期採用が、多くの大企業における年度単位の人事ローテーションの前提となり、企業内の人材育成と新陳代謝のシステムを動かす機能を担ってきた。

「新規学卒一括採用」と呼ばれるこのような雇用慣行が、さまざまな弊害も指摘されつつ長年にわたり続いてきたのは、企業にとっても、学校にとっても、若者自身にとっても、おそらくは最も効率的かつリスクの小さいシステムと受け止められてきたからであろう。

しかしながら、1990年代に入り、バブル崩壊や学歴構造の変化等により労働市場においていわば「弱者」となる若年者が急速に増加し、学校から雇用への移行に関して、集団的支援だけでなく個別的・直接的な支援がより多く必要とされるようになった。卒業時の好不況が初職への就職を通してその後のキャリアに大きく影響するという点で、一括採用をはじめとする学卒就職の仕組みの問題点も認識されるに至ったが、日本的雇用システムの入り口ともなる若年者の採用・就職の仕組みは、バブル崩壊後の長期にわたる不況期（「就職氷河期」）を経ても、基本的には維持されている。しかし、産業構造の変化や高学歴化の進展、就職活動のインターネット化等さまざまな背景の下、若者の職業への移行の態様は個別化・多様化してきている。

2．若年者雇用における課題の変遷

労働市場の構造変化とともに、政策の中心課題も時代によって変化している。

第2次世界大戦後しばらくの間は、産業の荒廃や不況による就職先の絶対的不足と需給調整システムの未整備により、個々の新規学卒者が円滑に就職先を見つけることが困難な時期があった。この時期には、新規中卒者を中心とする若者に生活を維持できるだけの職を供給することが

最大の課題であった。

　産業復興期やそれに続く高度成長期には、労働需要が急増していくことに伴って量的な面では若者が就職先に困ることはなくなる。円滑に需要を満たすための人材供給の仕組みの構築が進んだことにより、学校を卒業すれば求職期間を経ずにそのまま就職できることが当たり前という時代になった。この時期には、量的マッチング（効率的な需給調整）が重視されるとともに、成長途上の10代で最初の就職をすることが一般的であったことから、意識の啓発や就職後の職場適応・定着対策、生活指導も含めた保護・育成が課題となった。

　この時代は、需要側で経済環境や産業構造が変化することと並行して、供給側でも高学歴化など若年労働力の構造変化が急速に進んでいた。しかし、需要全体が供給を大きく上回る状況においては問題があまり顕在化せず、大枠においてマッチングのシステムが維持される中で、供給構造の変化に伴う問題もそれなりに消化されてきた。

　このバランスが大きく崩れるのが、バブルの崩壊による需要の急減である。引き金は需要側の要因であったが、これにより供給構造の変化に伴う問題も一気に顕在化することになった。これ以前の若年者対策には、需要側が全体として十分な量の就職機会を提供することを前提に、供給側の職業意識啓発や適材適所のマッチングを精緻化することにより、需給の構造変化に対応しようという方向のものが多かったが、この時期以降の若年者雇用問題は、需要側と供給側の力の差が拡大する中で、供給側の努力では如何ともしがたい局面に入っていく。学校から職場への円滑な移行という前提が揺らぎ、新卒時の無業、非正規雇用の増加などが大きな社会問題となった。

　新規学卒採用に対する企業の「特別感」が薄れ、景気変動の影響を直接的に受けやすくなると、1回限りの新卒就職のチャンスをめぐる卒業年次間の運・不運の差が大きくなる。この理不尽さが、新卒一括採用慣行に対する批判の論拠の一つである。事態を改善するため、既卒者採用枠の拡大などを通して卒業年次間の格差を埋めようとする政策も講じられるようになる。

しかしながら、全体として、新卒一括採用に代わるシステムが支配的となる兆しは未だみられない。多くの企業において、4月の定期採用をスタートとし、定年退職をゴールとする従業員の人事管理の体系を抜本的に再構築することは大きなリスクでもある。学校においては、卒業と同時に生徒・学生を確実に安定した就職先に渡すことが重要な使命となっている。若年者本人や家族にとっても、所属先のない状態で個々に就職活動を行うことは、ごく一部の高度な専門職等を除き、できる限り回避したい事態である。社会全体として、若者を漂流させない仕組みである新卒一括採用を超えるメリットのあるシステムは、見出せていないと言えるだろう。

とはいえ、高度成長期には、職業能力が未知数であっても、とりあえず企業のメンバーとなるチャンスを広く新卒者に提供するシステムであった一括採用が、バブル崩壊以降の経済停滞期には入り口段階での厳選という形で人材選抜の超早期化につながり、企業内で育成・選抜されるチャンスすら与えられない若者を大量に生む結果ともなった。新卒時に正規雇用への移行を果たせなかった若者が多い「ロストジェネレーション」が、2010年代に入り、壮年非正規雇用労働者の増加へとつながっていく。

就職氷河期を脱した後、リーマンショック後の不況等の景気変動を経て、2012年頃からの景気回復局面において、新卒労働市場は再び売り手市場へと転じ、2016年時点においても好調に推移している。しかし、現時点の新卒者とは対照的に、不況期に卒業した世代の問題は解決していない。入り口段階での選別がそのまま最終選抜とならないよう、年齢相応の職業能力・経験を身につけることができる複数のルートを確立していくことが引き続き大きな課題となっている。

第2節・第3節では、時系列に沿って、若者を対象とする主な施策と、施策の背景となるトレンドの変化、メルクマールとなった出来事についてみていく。

なお、戦後の若年者雇用政策の流れと、関連トピックス、時代背景等を年表（付表1-1）にまとめているので、併せて参照いただきたい。

第2節　若年者雇用対策の変遷（バブル崩壊まで）

1．戦前から戦後改革期へ（1950年代半ば頃まで）

　第2次世界大戦をはさんで、学校制度や家族制度など社会制度全般、職場組織のあり方が根本的に変わり、若年者の就職事情も大きく変化した。

　戦前の学校教育では、高等教育へのルートに進むのは限られた生徒のみであり[1]、大卒等の高等教育卒業者の主な職種である事務職、管理職、専門技術職などホワイトカラー職種と、職工等のブルーカラー職種とでは、採用の入り口から給与形態など労務管理全般まで全く別体系となっているのが一般的な姿であった。さらに、女性と男性も職域がはっきり分かれており、労働市場は学歴や性別により分断されていた。学校から雇用への移行は、縁故や紹介業者の斡旋によって職を見つけることが多かったと考えられるが、（菅山 2011）によれば、一部の大企業と高等教育機関等との間では、すでに20世紀初頭に学校推薦による新卒採用といった結びつきがあったことが確認されている。

　公的なシステムの構築も徐々に進んだ。日本の職業紹介の歴史をまとめた労作である（中島 1988）[2]によると、明治44（1911）年以降公立の職業紹介所が順次開設され、大正10（1921）年には「職業紹介法」が制定された。大正11（1922）年のILO条約（「失業ニ関スル条約」）批准を経て、昭和13（1938）年には職業紹介所が国営化される。公立の職業紹介所では、新規の小学校卒業者や未成年の職業紹介を「少年職業紹

---

[1] 中央教育審議会の平成17年1月28日付け答申『我が国の高等教育の将来像』補論2「我が国高等教育のこれまでの歩み」によると「進学率は、例えば大正9（1920）年時点でこれらの高等教育機関合計で2.2％であるなど量的な規模は極めて小さかった」、また平成11年12月16日付け答申『初等中等教育と高等教育との接続について』第1章「検討の視点」によると「昭和20年から35年前後の時期は、四年制大学・短期大学への進学率は10％前後、四年制大学のみの進学率は8％前後にとどまっており、この段階の高等教育は戦前と同様、一部の者が受けるにとどまっていた」と記述されている。

[2] 本節は多くの部分について職業安定行政の発展に尽力された故中島寧綱氏の著作『職業安定行政史』を参照させていただいた。同書は労働省職業安定局編『職業安定広報』誌の連載を元に取りまとめられたもので、中島氏の職業安定行政の現場における経験と知見、収集された歴史的資料に基づく貴重な記録である。記して感謝申し上げる。

介」と呼び、単なる斡旋だけでなく適職選択の指導も行っていた。大正14（1925）年には内務省と文部省の連名で「少年職業紹介に関する件」が通達され、小学校と職業紹介所との連携が指示されるなど、若年者（年少者）の円滑な就職に向けた施策の萌芽もみられる。

　昭和期には、不況や戦時経済下の労務統制など、若年者に限らず、自由な職業選択が困難な時期が続き、昭和13（1938）年には「学校卒業者使用制限令」が制定され、技術者を緊急部門に重点配備するための割当雇入れ制が定められた。学校での職業教育の充実も含め、大正期から徐々に進みつつあった産業界のニーズに応える人材の養成・供給という流れは、非常時体制の下、停滞せざるを得ない状況であった（中島1988）。

　戦後改革期は、産業基盤が崩壊した中、若年者に限らず、求人数の絶対的不足による就職難で始まった。1947年の労働省の発足、職業安定法の制定により、労働力需給調整システムの構築に着手され、新規学卒者に関しても、「需給調整会議」、「新規学卒者就職促進強調運動」などが行われた記録が残っている（中島1988）。社会インフラ再建、産業復興、学制改革などとも関連して、生活安定の基盤となる雇用・労働に関する制度・体制づくりが急がれた時期である。

　この時期の新規学卒者は中卒者が中心であり、戦争から職場に復帰する壮年期の失業者も多い就職難の中にあって、社会的援護の対象として、若年者に職を供給することが必要とされていた。そのように「食うための仕事」の確保が急務であった状況下でも、一方で、生徒の職業指導用の「労働省編職業適性検査」や「職業辞典」といったツールの整備が進んでいる。産業復興に資する適材適所の人材配置といった意図が強かったにせよ、単なる就職先の提供にとどまらず、マッチングの質的向上が意識されていたことがうかがえる。

2．高度経済成長期（1950年代後半～1970年代当初）

　新規中卒就職者数は1957年に86万5千人（就職進学者を含む）でピークを迎える。1950年代後半は、まだ若年者の就職は厳しい状況にあ

り、1959 年には、就職難に対応して新規学卒者の求人受付を街頭で実施したという記事がみられる（中島 1988）。しかし、1960 年の「国民所得倍増計画」を境に、高度経済成長に伴う若年労働力への需要が急増した。この時期の労働力需給（求人・求職）の状況を**図表 1-1** に示す。1960 年以降、急速に求人が伸びるとともに、新規学卒就職者の主力が中卒者から高卒者へと交代していく状況が見て取れる。

1965 年 1 月に発行された労働省職業安定局編『学卒の採用と定着指導－昭和 39 年版－』では、「ここ数年来わが国の産業経済は高度の成長をとげ、これに伴って雇用情勢は著しく変化した。（中略）一方、このような過程の中において、新たにいくつかの解決すべき問題が発生してきた。すなわち、若年者、技能労働者を中心とする厳しい労働力不足、中高年齢層者の就職問題、労働力需給の地域的不均衡、労働力の地域間産業間流動の問題等である。」（第Ⅰ章 5「将来の雇用のガイド・ポスト」P16）と述べられており、国全体として地域間・産業間の労働力配分が

図表 1-1　新規学卒者の求人・求職状況（1956 ～ 67 年、職業安定業務統計）

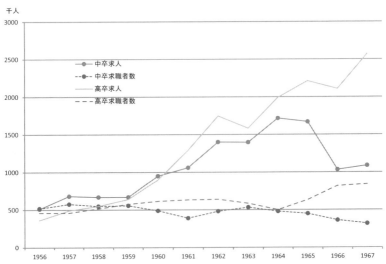

資料出所：労働省職業安定局編（1968 年）『求人の手引き－人手不足をどう乗り切るか－』
日本経済新聞社　掲載図表（P58 ～ 59）に基づき作成

大きな課題となっていたことがわかる。この課題に「計画的に」対応する手段の一つが「集団就職」であった。

新規中卒者については、東北、北海道、九州など「送出地」から首都圏、中京、関西など「受入地」への集団就職が1950年代半ばから行われるようになったが、1962年度からは全国的な「計画輸送」が開始され、労働省と日本交通公社が協議し、「金の卵」と呼ばれた新卒者を安全に就職先へ送り届けるシステムが構築された。この「計画輸送」とは、職業安定機関が全国の求人者と赴任者（就職者）を把握し、輸送計画に基づいて、職員が添乗して赴任者を送出地から受入地へ送り届けるとともに、求人者が負担する旅行経費の精算を日本交通公社が行うという大規模な行政サービスである。高度経済成長期における円滑な人材供給が国家的事業であったことを示すとともに、若年者雇用対策のバックボーンの一つである若者の「保護」の側面が顕現した事業とも言えるだろう[3]。

集団就職した新卒者に対しては、就職後も職業安定機関の職員による「職場定着指導」や「勤労青少年を励ます集い」などが実施され、需給調整だけでなく、就職後しばらくの間の見守りの必要性も認識されていた。前述の（労働省職業安定局1965）では、「昭和39年3月新規学校卒業者就職後の補導調査結果」が紹介されているが、これは、1964年4月から7月までの4ヶ月にわたり、中学校、高等学校卒業者の就職状況、就業上の問題点を把握するため、公共職業安定所職員が就職先事業所を訪問して調査したものであり、調査対象数は中学校卒業者181,274人、高等学校卒業者20,066人、合計201,340人という大規模な調査である。同様の調査は1957年、1960年にも実施されており、それらの結果との比較の上で、職場定着に関し、「極めて不安定な状態にある者の比率が、関係者の努力にもかかわらず、昭和32年なり35年当時より増加していることは、憂慮すべきことである。」（「第Ⅳ章5「定着指導の基本的考え

---

[3] 労働省職業安定局編『職業安定広報』（1965年12月21日号）記事では、「昭和37年度から開始した計画輸送は、本年度で四年目を迎えたが、計画輸送の目的は日本交通公社の機能に職業安定機関の機能を絡み合わせることにより、県外赴任者の輸送を安全かつ円滑に実施しようとするもので、過去三年間の実施結果においてはほぼこの目的を達してきた」と評価されている。

方」P100)として、「新規学校卒業者は、教育という場から新しく独立した一個の職業人として職業社会に入っていくもので、職場への適応能力なり技術としては幼稚な点があることは当然なことであって、新規学校卒業者の受け入れにあたって、関係者がまず第一に考えておかなければならない点であろう。」(P100〜101)と、関係者の配慮を求めている。

　進学率の急上昇に伴い、新規中卒就職者は急速に減少し、高校進学率が 70% ラインに到達した 1965 年頃からは、新規学卒就職者の主力は高卒者にシフトしていく。高卒就職者は 1968 年に 94.3 万人(就職進学者を含む)でピークを迎え、その後は高等教育進学率の上昇とともに減少傾向をたどるが、1998 年に大卒就職者と逆転するまで、30 年以上にわたり新卒就職者の中核となる。

　この時期、中学・高校新卒者の採用・就職活動の時期の統一など、行政、学校、企業による保護と秩序維持のためのシステムが確立し、文部・労働両次官連名通達により、高等学校・中学校新規卒業者の推薦開始の時期等について、統一的スケジュールが設定されていた。しかし、新規中卒者の激減に伴い、新規高卒者に対する求人者の早期選考が過熱したことから、文部・労働両省だけでなく学校や経営者団体の認識も高まり、中央雇用対策協議会の決議を経て、1970 年度の新規高卒求人はすべて公共職業安定所で受付を行う(所定の求人票に公共職業安定所で選考期日が適正であることの確認印を押印し、この手続きによらない求人には学校は生徒の推薦を行わない)こととなった[4]。求人秩序を確立することにより就職活動による学業への影響や学事日程への阻害要因を抑制し、学校と職業安定機関が求人を把握することを通して労働者として未成熟な生徒を保護することがこれらの措置の中心的趣旨であるが、企業側にとっても、一定の制約を受けつつも、新卒者を確保する仕組みと流れが一本化されていることの効率性というメリットは小さくなかったと考えられる。

　戦後の学卒就職システム(特に中卒)の構築プロセスについては、(苅

---

[4] 労働省職業安定局編『職業安定広報』(1970 年 12 月 11・21 日号)記事では、この措置について、「早期選考の防止の上で非常に大きな役割を果たしている」と評価されている。

谷・菅山・石田他 2000 年）に詳細に分析されており、「これまでの分析によれば、新卒者の就職に対する職業安定機関の姿勢には、「職業選択の自由」という理念と、年少者の「保護」という理念の 2 つが含まれていた」と指摘されている（第 7 章「結論」P287）。このような新卒就職のシステムが高度経済成長期を人材の量的確保の面から支える機能の一端を担い、この枠組みは、後ほど述べるように一部見直しが行われつつも、今日に至るまで基本的に維持されてきている。

　大学・短大進学率は、1950 年代後半の約 1 割から 1973 年には 3 割を超える水準となったが、大学等卒業者は卒業時には成人であり、一定の専門人材とみなされたこともあり、労働行政による大卒者の需給調整はほとんど行われてこなかった。大卒者も戦後改革期には就職難に見舞われた時期があるが、高度経済成長期には「青田買い」と呼ばれるような人材争奪戦の対象ともなり、採用・就職活動の適正化は常に課題となった。しかし、基調としてはおおむね売り手市場が続いたこともあり、企業と大学の「就職協定」の下に自主的採用・就職活動が行われ、たびたびの修正や協定の形骸化など問題点が指摘されつつも、在学中の内定、卒業直後の 4 月入社という新規学卒一括採用のシステムは強固なものとなった。

3．経済調整・安定成長期（1973 年オイルショック～1980 年代半ば）

　1973 年のオイルショックに端を発する経済調整過程において、産業構造の変化に伴う円滑な労働移動や中高年齢者の職種転換などが課題となった時期である。若年者雇用に関しても、第 1 次・第 2 次のオイルショック後の不況期には内定取り消しや自宅待機等が発生し、社会問題化するとともに、新規大卒予定者への早すぎる内定のあり方や内定の法的位置づけが課題として認識された。しかし、その後の景気回復過程では、再び早期化の方向での就職協定違反が頻発し、1981 年には、行政の公平性を保てないとして、労働省が就職協定への直接的関与から撤退した（1982 年度以降はオブザーバー）。

　このように、新規学卒採用にも景気変動や産業構造の変化が大きく影

響した一方、供給側においては、高学歴化の進展により徐々に学歴別供給構造の変化が進行した[5]。これに伴って、これまで職業安定行政として直接的支援の主たる対象とはしていなかった大卒者が施策の視野に入り、1976年には、東京・大阪に「学生職業センター」が設置された。以後、大学の多い主要都市に設置されていくが、この時期にはまだ大学経由の求人による就職が多数を占めており、Uターン希望の学生への情報提供や中小企業からの求人など、大学就職課の支援が手薄な対象による利用が中心となっていた。

また、学校教育法の一部改正により、1976年に専修学校制度が発足したことも、その後の学歴構造の変化に大きな影響を及ぼした。専修学校専門課程を含めた高等教育進学率は1978年に5割に達し、実学分野を中心とする専修学校は、産業界のニーズに応えるものとして、就職者数が短大を上回るようになり、学卒労働市場における存在感を高めていった。

4．バブル経済期（1980年代半ば～1990年代半ば）

バブル景気の時期においては、新卒者の求人倍率は3倍前後で推移し、完全な売り手市場となっていた。高校新卒者に関しては、学校と公共職業安定所がほぼ全求人を把握していたため、需給調整に大きな混乱はなかったが、大卒に関しては、青田買いの激化から協定の形骸化が問題とされ、スケジュールの変更も含め、見直し論議が活発化した。学校と企業の間だけでなく、4年制大学と修業年限の短い短大・高専との学事日程への影響の違い、大学間格差の存在など、学校側においても、それぞれに立場は異なっていた。

このような売り手市場は、新規大卒は1991年3月卒（求人倍率2.86倍[6]）、新規高卒は1992年3月卒（求人倍率3.34倍）がピークであり、

---

[5] 大学（学部）進学率（過年度高卒者含む）の推移をみると、1972年に20％台に乗ってから1994年に30％台に乗るまで約20年かかっており、10％台（1962年）→20％台、30％台→40％台（2002年）、40％台→50％台（2009年）と比較して、上昇は緩やかであった。
[6] リクルートワークス研究所「ワークス大卒求人倍率調査」による。

1991年の新卒就職者数（全学歴合計）は144万6千人[7]で、第2次ベビーブームにより膨らんだ就職適齢期の若年者（主に新規高卒者）をこの時点までは吸収することができた。この後、バブル崩壊に伴って新卒就職市場は急速に冷え込み、1993年頃から「就職氷河期」と呼ばれる時代に突入するが、これについては次項で述べる。

　この時期は、バブル景気という特異な経済状況に注目されがちであるが、労働力供給構造の面からみると、新規学卒労働力が毎年100万人を大きく超える規模で潤沢に供給され、大企業における大量採用を可能にした。後に、企業において「バブル採用組」などと呼ばれる世代である。

　また、この時期には、その後の若年者雇用に大きな影響を及ぼす法律が制定された。1985年に制定された男女雇用機会均等法と労働者派遣法である。

　男女雇用機会均等法により、それまで男女別に形成されていた労働市場が統合される流れとなり、女子学生の就職活動は「均等法前世代」と「均等法後世代」とでは大きく異なることとなった。この時点では、採用における男女均等な取扱いは努力義務であり、男女別求人は違法ではなかったため、採用時点での取扱いの一本化は1997年の均等法改正までは完全ではなかったが、大企業を中心として、「男子基幹社員」と「女子補助社員」といった男女別雇用管理を、「総合職」と「一般職」といった区分でコース別雇用管理に衣替えする企業が続出した。

　労働者派遣法は、この時期には、まだ若年労働者に密接に関わる問題とまでは言えず、一定のスキルを身につけた専門職の働き方とみなされていたが、その後の数次の改正を経て、若年者の働き方にも少なからず影響することになる。

　バブル期には、個人のニーズに合った多様な働き方も注目された。派遣労働やパートタイマーもそうであるが、正社員にならず、短期の雇用契約で自由に職場を変えていく「フリーアルバイター」の若者が「フリーター」と呼ばれるようになり、この呼称が一般用語として定着し

---

[7] 資料出所：中央教育審議会平成23年1月23日答申『今後の学校におけるキャリア教育・職業教育の在り方について』注釈関係資料1. データ編「各学校卒業者の就職者数の推移」

た。この人手不足時代のフリーターには、自由を優先する働き方を選んだ若者というイメージもあった[8]。

第3節　若年者雇用対策の変遷（バブル崩壊以降）

1．就職氷河期（1990年代半ば～2000年代半ば）

　バブル崩壊後の若年者雇用は、それ以前とは大きく様相が異なり、景気変動による多少の波はありつつも、全体的な傾向として、若年者が労働市場における弱者になっていくプロセスである。この時期には、若者の労働市場が激変し、さまざまな問題が噴出し、それに対応すべくさまざまな対策が講じられ、現在に至る若年者雇用政策の原形が作られた。特記すべき事項が多いので、「労働市場の状況」と「政策対応」とに分けて述べる。

　（労働市場の状況）

　バブル景気は1991年2月を山として下降局面に入ったが、1992年3月卒までは、大卒求人倍率もまだ2倍を超えていた（**図表1-2**）。その後、求人倍率の低下が続き、「就職氷河期」と呼ばれる時代（1993～2005年）に突入した。数字の上でみると、大卒求人倍率の底は2000年3月卒（0.99倍）、高卒求人倍率の底は2003年3月卒（1.27倍）であり、フリーター数[9]のピーク（217万人）と学卒未就職者数[10]のピーク（20万人）は2003年である。

　10年以上の長期にわたる就職氷河期の間、短い回復期をはさみながら、全体として若年者雇用は厳しい状況が続き、量的な厳しさ（就職難）だけでなく、雇用構造の質的変化が生じた。最も大きな変化は非正

---

[8] 労働省『平成3年版労働白書』（1991年）では、「いわゆるフリーアルバイター」の就業と意識を取り上げており、「男子では適職を探したり趣味等自分のしたいことをするためにフリーアルバイターをしている者が多いが、女子では会社への拘束を嫌ったり時間の自由を求めてフリーアルバイターをしている者が比較的多いことが分かる。」（第2部第3章第3節「若年者を中心とする職業意識、勤労観の変化と企業の雇用管理の方向」P203）と分析している。

[9] 総務省「労働力調査（詳細集計）」による。

[10] 総務省「労働力調査（基本集計）」による。

図表1-2　新規学卒者の求人倍率の推移

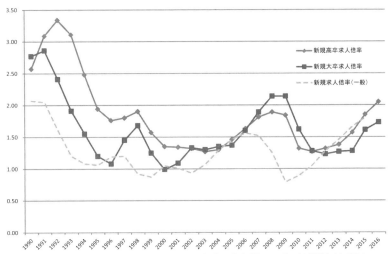

資料出所：厚生労働省「高校・中学の求人・求職・内定状況」、「一般職業紹介状況」
リクルートワークス研究所「ワークス大卒求人倍率調査」
注：新規学卒求人倍率は各年3月卒業者対象、新規求人倍率（一般）は年平均の数字

規雇用の増大である。

　就職氷河期以前は、新規学卒者の初職が非正規雇用となることは例外的であり、新卒求人は正社員採用であることが常識となっていた。非正規雇用は、家庭の主婦や高齢者などフルタイム勤務を希望しない労働者や、雇用の調整弁となっていた期間工など、中途採用者を想定した雇用形態であり、長期雇用を前提に自社で育成していく新規学卒者に適用される例は極めて少なかった。仮にそのような求人が提出されたとしても、学校として推薦・推奨することはないので、結果的に生徒・学生に選択される可能性は小さかったと言える。

　しかし、この時期においては、求人全体が急減したことにより、非正規雇用であっても就職できないよりはよいとして選択する例も増え、特に、地域や学科によっては、新卒者も非正規雇用で就職することが珍しくなくなってきた。また、2000年に紹介予定派遣の運用が解禁されたこともあり、卒業までに就職が決まらなかった学生がとりあえず派遣登録

をするというケースも見られた。非正規雇用は 1995 年から 2005 年の間に大幅に増加したが[11]、そのうち不本意非正規と呼ばれる労働者のボリュームゾーンは若年層である[12]。バブル期には自由度の高い働き方という意味合いもあった「フリーター」は、不安定な働き方として受け止められるようになった[13]。

　長期にわたる経済低迷期の中でも、短期間景気が回復する時期もあり、各年で就職の厳しさの度合いには若干の差がみられた。新規学卒就職は各人にとってワンチャンスしかないため、本人の努力に関わらず卒業時の雇用状況が就職を左右するという年次による運不運の要素が大きく作用することが新規学卒一括採用のマイナス面として浮き彫りになった。

　この時期の雇用情勢の厳しさは若年者にとどまらないものであったが、若年者の労働市場に特に影響した要因として次の2つをあげることができる。

　1つは、供給側における学歴構造の変化である。新規学卒就職者の数は、1997 年から 1998 年にかけて高卒と 4 年制大卒が逆転し、その後、両者の差は年々拡大を続けた（**図表 1-3**）。前述したように、新規高卒就職者は学校・公共職業安定所を通して就職活動に臨むシステムとなっているが、新規大卒者は大学の支援を受けつつも自分自身で就職活動をマネジメントすることになる。このため、大卒者のウェイトが高まるということは、単に若年労働力が高学歴化するというだけではなく、需給調整に学校や行政によるコントロールが働かない部分が拡大するということでもある。

---

[11] 雇用者に占める「非正規の職員・従業員割合」は 1995 年の 20.9％（総務省「労働力調査（特別集計）」2 月調査）から 2005 年には 32.6％（総務省「労働力調査（詳細集計）」年平均）へ上昇。

[12] 「不本意非正規」の状況は「労働力調査（詳細集計）」において 2013 年から集計が開始された。2013 年平均では、現職の雇用形態に就いた主な理由として「正規の職員・従業員の仕事がないから」と回答した非正規職員・従業員（341 万人）のうち 15 〜 34 歳の者（123 万人）が占める比率は 36.1％であった。

[13] 労働政策研究・研修機構が継続的に実施している「勤労生活に関する調査」では、2000 年調査時点から「フリーター観」を尋ねているが、「生活を不安定にする働き方である」との回答（「そう思う」「まあそう思う」の合計）が 8 割前後で推移している。

図表 1-3　新規学卒就職者数、進学率、高卒就職者割合

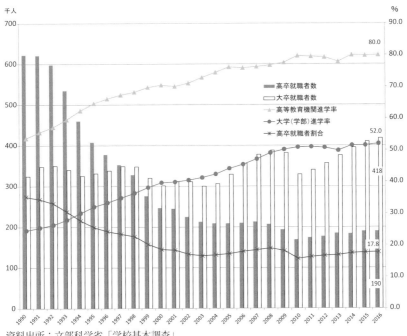

資料出所：文部科学省「学校基本調査」

　2つめは、採用・就職活動のインターネット化である。この時期急激に進んだインターネットの利用は、企業と学生を即時に直接結ぶツールとして、一定時期に大量の募集・応募が集中する新卒の採用形態に適したものであった。インターネットは、より多くの学生が情報にアクセスすることを可能にし、企業も学生もより広い範囲から相互に選択できるようになったが、手軽さの副作用として、大量マッチングによる無駄な活動や疲弊も早くから問題となった。また、いつでも情報発信ができることにより促進されるのではないかと思われた通年採用など採用時期の平準化は、新規学卒に関してはあまり進展しなかった。

　新卒者採用は、在学中に学業と並行して就職活動をするという特殊性から、常に学校側と企業側のバランス調整が図られてきたが、バブル期の売り手市場から一転して買い手市場になったことを背景に力関係は

大きく企業側に傾き、抵抗する学校側を押し切る形で、大卒等の就職協定は1997年度から廃止されることとなった。

また、新規高卒に関しては、求人と就職希望者がともに縮小していく中で、採用・就職活動の自由度を高めることを求める動きもあり、長年の慣行として続いてきた「1人1社制」の見直しなどが議論された。この慣行は、行政が通達で設定している選考・内定開始期日等の統一ルールとは異なり、地域レベルで定着したものであるため、各都道府県における協議の場で検討されることとなった[14]。

（政策対応）

このように、バブル崩壊を端緒として、新卒者の需給調整システムのあり方を含め、若年者の労働市場の枠組みが大きく変化していくこととなった。行政としても、このような状況に対応するため、若年者雇用対策の転換と拡充を図り、若年者に対する新たな支援策を展開する。

1993年には労働大臣が新規学卒者の採用拡大について主要経済団体に訪問要請を行ったが、このような行政幹部による経済界への採用拡大要請はその後も続き、各都道府県でも例年の活動として地元経済界への要請が行われるようになった。1995年には阪神・淡路大震災に係る新卒者の内定取消しの回避等を主要経済団体に要請している。

また、大卒者の就職支援を本格化させ、1994年には学生職業センターに「未就職卒業者相談コーナー」を設置し、行政主催による大規模な大卒者等就職面接会を開催するとともに、大学等新卒者の求人情報一覧の提供を開始した。1995年には学生職業センター未設置県に学生職業相談室を設置し、全都道府県で大学生等の相談窓口を整備した。1999年には、東京六本木に学生職業総合支援センターを設置し、大学生等に対して、職業紹介だけでなく、セミナー、カウンセリングなどさまざまなサービスを総合的に提供する拠点とした。

---

[14] 文部科学省・厚生労働省『「高卒者の職業生活の移行に関する研究」最終報告』（2002年3月）において、「地域の状況を踏まえた応募・推薦方法の見直し」として、「一次募集の時点から複数応募・推薦を可能にする。ただし応募数は限定する」あるいは「一次募集までは1社のみの応募・推薦とする。それ以降は複数応募・推薦を可能とする」という選択肢が示され、「基本的には各地域（都道府県）ごとに検討する場を設け、地域自らが仕組み・ルールを決めていくことが適当であろう」と提言されている。

1996年を一つの底として、新卒の求人倍率はいったん上昇に転じたが、1997年の金融機関の相次ぐ破綻を契機に、雇用情勢は再びさらなる悪化をたどる。銀行や証券といった新卒者を多数採用する大企業の経営破綻により、大量の内定取消しが発生し、行政は、関係省庁等による連絡協議会の開催、学生職業センターに内定取消し相談窓口を設置するなどの対応に追われた。

　先に述べたように、大卒求人倍率の底は2000年、フリーター数が最多となったのは2003年であり、2000年代に入っても前半は明るさの見えない状況が続いた。このため、若年者雇用対策のメニューも予算も年々大幅に拡充されている。

　2001年には「若年者トライアル雇用事業」が開始され、障害者などハンディキャップのある人の雇用を後押しする事業であったトライアル雇用（助成金付きで試行的に雇用し、可能であれば常用雇用に移行）が若年者にも拡大適用されることとなった。職業経験が乏しい若年者（特に未就職卒業者や短期間で離職したいわゆる「第二新卒」）が労働市場において大きなハンディキャップを有する存在として位置づけられたことになる。

　就職氷河期の長期化に伴い、日本の将来を担う多くの若年者が安定した職を得られない現状が雇用のみならず社会全体の問題として危機感を持って受け止められるようになり、2003年には、文部科学大臣、厚生労働大臣、経済産業大臣、経済財政政策担当大臣を構成員とする「若者自立・挑戦戦略会議」が設置され、6月に「若者自立・挑戦プラン」が取りまとめられた。このプラン及びこれを強化した「若者の自立・挑戦のためのアクションプラン」（2004年12月、以下、「アクションプラン」という）に基づいて展開されたさまざまな取組みが、その後の若年者対策の骨格となっていく。

　この2004年には、厚生労働省に「若年者雇用対策室」が設置され、組織の面でも、若年者問題が重い課題となったことが示された。

　なお、同じ時期に、「ニート」という用語が一般にも使われるようになる。かつては失業状態ではない（求職意志のない）無業者は雇用対策

の対象として想定されていなかったが、長引く就職難により、労働市場への参加をあきらめる若者が増加してきたことが認識され、アクションプランでも、「ニートと呼ばれる無業者」を、フリーターとともに、安定した雇用への移行支援が特に必要な対象として位置づけている。

このように、就職氷河期が10年続き、国全体の危機意識がかつてないレベルまで高まったことにより、若年者雇用対策は新たな局面に入る。

アクションプランでは、①キャリア教育の推進、②働く意欲が不十分な若年者やニートに対する総合的な対策、③企業内人材育成の活性化、④ジョブカフェ、日本版デュアルシステム等の推進、⑤若者問題についての国民的関心の喚起、などがポイントとしてあげられている。

このような方向性に沿って、2000年代半ばにかけて、ジョブカフェの設置、フリーター常用雇用化プラン、地域若者サポートステーション（サポステ）事業など、新卒時に安定した雇用へ移行できなかった若者への支援の充実が図られた。

また、若年者雇用問題の深刻化の主因が需要側にあること（求人の減少と非正規雇用の拡大など）が明らかな中でも、意識啓発や職業経験の付与による若年者側の就職可能性の引き上げには大きな期待がかけられていた。1997年にはインターンシップに関する基本的考え方を労働省、文部省、通商産業省の3省でとりまとめ、政府としての推進姿勢を示し、1999年の中央教育審議会答申『初等中等教育と高等教育の接続の改善について』では、学校教育の中に初めて「キャリア教育」が明確に位置づけられた。これらを契機に、就職課をキャリアセンターに発展させる大学が増え、アカデミックな専門教育だけでなくキャリア教育にも注力することが大学の重要な活動となっている。また、「社会人基礎力」の提唱（2006年）なども、産業社会の実態やニーズに対する学校側の理解を深め、教育の変革を促すことで、マッチング段階での摩擦を減らす効果が期待された施策である。

このようなさまざまな取組みにもかかわらず、2005年頃までは学卒求人倍率も低位横ばいが続いた。2006年には雇用情勢が全体として徐々に

上向き始め、明るい兆しも見られたが、就職氷河期に学校を卒業した「ロスジェネ世代」の年齢が上昇し、中年期に差し掛かっても安定雇用に移行できない人（年長フリーター）が多く存在することから、卒業年次による不公平を是正し、若者の再チャレンジを可能にする取組みの重要性が認識され、2006年には、「再チャレンジ推進会議」の中間取りまとめにおいて、「新卒一括採用システムの見直し」などが提言された。

2．リーマンショックを経て雇用回復期へ（2000年代半ば～2012年頃）

雇用情勢は2006年頃から改善傾向がはっきりし始め、新規大卒求人は2008年3月卒、2009年3月卒について2倍を超え、久々の売り手市場に転じた。しかし、2008年9月のリーマンショックを受けて、2010年3月卒の求人は再び急減、2010～2013年は就職氷河期の再来と言われ、卒業年次による運不運の差を改めて見せつけた。2011年3月の東日本大震災もあり、再び新卒労働市場は冷え込むことになる。

この時期の若年者対策は、全体としては前の時期に創設・拡充された施策の多くが本格的に展開されていく方向で進んだが、リーマンショック後の不況、政権交代、事業仕分けによる施策・予算の見直し、震災による経済活動の停滞など、方向性が見通しにくい中で、不安定な制度運営を余儀なくされた。

2007年には「成長力底上げ戦略推進円卓会議」（2007年）の議論の中からジョブ・カード制度が提案され、2008年から本格実施された。リーマンショック後の不況に伴う「派遣切り」が社会問題化し、非正規雇用労働者の厳しい生活実態に注目が集まったが、就職氷河期に学校を卒業し、安定した職業生活へ移行する機会に恵まれなかったロスジェネ世代が多く含まれることから、改めて、若年期の雇用への移行のあり方が非正規雇用問題という形でその後長期にわたって社会の基盤を揺るがす可能性がある大きな課題であることが明らかになった。

法的な整備に関しては、2007年に「青少年の雇用機会の確保に関して事業主が適切に対処するための指針（雇用機会確保指針）」が定められ、また、2009年1月には、職業安定法施行規則を改正し、内定取消し企業

名の公表措置が定められた。

　2009年9月の政権交代後は、「新成長戦略」（2010年6月）、「新成長戦略実現に向けた3段構えの経済対策」（2010年9月）などに基づき、新卒応援ハローワークの設置やトライアル雇用の拡充、奨励金の創設など、厳しい就職環境に対応した若年者雇用対策の拡大が図られた。2010年11月には「青少年雇用確保指針」が改正され、事業主は新卒求人枠に卒業後少なくとも3年間は応募できるようにすべきこと等が盛り込まれた。

　「若者雇用戦略」（2012年6月）においても、「自ら職業人生を切り拓ける骨太な若者への育ちを社会全体で支援」するという姿勢が示され、キャリア教育の充実や雇用のミスマッチ解消、キャリア・アップ支援などが打ち出された。「わかものハローワーク」や「わかもの支援コーナー」の全国展開等により、フリーターの正規雇用化へ向けた支援が拡充され、『望ましい働き方ビジョン』のとりまとめ（2012年3月）などによって非正規雇用問題への重視姿勢も明確にされた。

　一方、事業仕分けにより、若年者対策関連事業の中にも廃止・大幅縮小などの判定を受けるものが多く、ジョブ・カード制度もいったんは廃止とされるが、その後復活して、公的職業訓練での活用が推進された。なお、2012年からは「学生用ジョブ・カード」の運用が始まった。

　学校教育においては、2011年1月に中央教育審議会答申『今後の学校におけるキャリア教育・職業教育の在り方について』がまとめられ、1999年以来学校教育の中で取り組まれてきたキャリア教育についての総括と方向付けが行われた。学校へのジョブ・サポータの配置、サポステでの学校連携事業など学校と労働行政との連携も深まった。

　前期（バブル崩壊後の就職氷河期）に鮮明になってきたように、若年者雇用をめぐる問題の深刻化の背景には、景気の低迷による需要不足に加えて、非正規雇用へのシフトといった雇用構造の大きな変化があり、従来の若年者側の意識啓発による適職選択や定着率の向上といった対策で対応できる部分はきわめて小さくなった。このため、従来型の若年者雇用対策の一つの柱であった意識啓発事業は、学校でのキャリア教育に

基本的な役割を譲り、職場実習や職業訓練の拡充により若年者の職業能力を高め、労働市場で評価される付加価値をつける施策へとシフトしていく。

また、買い手市場を背景に、正社員としての採用であっても、若者を使い捨てにする企業の存在が「ブラック企業」として社会問題化し、企業側の意識啓発が急務であることが明らかとなった。このため、若者が労働市場で自らの身を守る力をつけるための労働法教育の必要性も改めて認識されることとなった[15]。

3．人手不足基調の中の多様化（2013年～）

2012年末の再度の政権交代以降も、若年者雇用対策の大きな枠組みは、リーマンショック後の環境悪化時に拡充が図られた施策の流れを基本的には継承するものとなっている。2013年以降は、景気回復に伴って労働市場全体として人手不足基調となり、新規学卒の求人倍率も上昇に転じ、現在に至っている。

雇用対策の基本的な方向は、「日本再興戦略」（2013年6月14日閣議決定）及び「「日本再興戦略」改訂2014－未来への挑戦－」（2014年6月24日閣議決定）に示された。若年者雇用対策に関しては、「改訂2014」において、「未来を創る若者の雇用・育成のための総合的対策の推進」として、「就職準備段階から、就職活動段階、就職後のキャリア形成に至るまでの若者雇用対策が社会全体で推進されるよう、以下の施策＊をはじめとする総合的な対策について検討を行い、法的整備が必要なものについては、次期通常国会への法案提出を目指す。」とされた。

＊「「日本再興戦略」改訂2014－未来への挑戦－」に挙げられた施策
・キャリア教育の充実等により、学校段階での職業意識の醸成を促進する。
・求人条件や若者の採用・定着状況等の情報が適切に表示されるようにする。

---
[15] 厚生労働省において、働く時に必要な基礎知識を若者に提供するハンドブック『知って役立つ労働法』の作成を2010年9月から開始。

- ・「若者応援企業宣言」事業の抜本的な強化を図り、優良な中小企業の情報発信・採用を支援する。
- ・若者による地域活性化に資する、創業やUIJターン等を支援する。
- ・企業による雇用管理改善の取組を促進する。
- ・若者の「使い捨て」が疑われる企業等への対応策の充実強化を図る。
- ・「わかものハローワーク」、「地域若者サポートステーション」等の地方や民間との連携の在り方を含む総合的な見直しにより、フリーター・ニートの就労支援を充実させるとともに、正規雇用化等を進める。
- ・職業教育・職業訓練機会の充実等により、キャリアアップを促進する。

なお、「日本再興戦略」には、大卒等の採用選考について、「学修時間の確保、留学等促進のための、2015年度卒業・修了予定者からの就職・採用活動開始時期変更（広報活動は卒業・修了年度に入る直前の3月1日以降に開始し、その後の採用選考活動については、卒業・修了年度の8月1日以降に開始）について、中小企業の魅力発信等、円滑な実施に向けた取組を行う」と盛り込まれており、これを受けて、日本経団連が「採用に関する指針」を改定し、2016年3月新卒者を対象とする採用・選考日程が後ろ倒しされることとなった。しかし、採用選考期間が短期化するとともに暑さの厳しい夏休み時期の活動となることなどの問題もあり、2017年3月新卒者対象から、採用選考活動は6月1日からと再び前倒しされ、大卒者等の採用・就職活動スケジュールに関する模索は続いている。

　人手不足基調に転じたとはいえ、若年期に厳しい就職難にあった世代の多くの人が、年長フリーターや壮年非正規雇用労働者などとして、依然として安定的雇用への移行を果たせていないこともあり、若年者の就職支援事業は、従来より上の年齢も視野に入れつつ、引き続き重要課題として位置づけられた。また、本格的な労働力減少時代への対応も念頭に、貴重な若年労働力を社会全体として大切に育てていくという観点もさらに重要性を増しており、「若者応援企業宣言事業」、若者の使い捨てが疑われる企業への「過重労働重点監督月間」（2013年9月）など、企

業の雇用管理改善への政策的働きかけも強化された。

　さらに「日本再興戦略」改訂2014」において「法案提出を目指す」とされたことを受け、「青少年の雇用の促進等に関する法律」（勤労青少年福祉法等の一部を改正する法律）案が2015年3月に国会へ提出され、9月11日に成立し、10月1日より順次施行された。この法律は、これまでの取組みの集大成ともいえるもので、これにより、対症療法的に講じられてきた若者対策に法的基盤が確立することとなった。

　同法の概要は**図表1-4**に示すとおりであるが、若年者の適職選択のための取組みを促進するため、①ハローワークは、一定の労働関係法令違反の求人者について、新卒者の求人申込みを受理しないことができること（職業安定法の特例）、②新卒者の募集を行う企業に対して一定の職業情報の提供を義務づけること、③若者の雇用管理の状況が優良な中小企業の認定制度を設けること（ユースエール認定企業）などが定められた。また、中退者をハローワークが学校と連携して職業指導を行う対象として位置づけた（職業安定法改正）ほか、地域若者サポートステーションの整備、ジョブ・カードの活用など、それまで取り組んできた主要な施策についても法的に位置づけた。

　また、同法第7条に基づき、「青少年の雇用機会の確保及び職場への定着に関して事業主、職業紹介事業者等その他の関係者が適切に対処するための指針」が策定された（雇用対策法に基づく「青少年の雇用機会の確保等に関して事業主が適切に対処するための指針」は廃止）。さらに、同法第8条第1項に基づき、適職の選択や職業能力の開発・向上に関する施策の基本となる「青少年雇用対策基本方針」（運営期間2016〜2020年度）が策定された（第9次勤労青少年福祉対策基本方針は廃止）。

　2015年6月30日に閣議決定された「「日本再興戦略」改訂2015－未来への投資・生産性革命－」においては、「産業競争力会議」で発表された「未来を支える人材力強化（雇用・教育施策）パッケージ」（厚生労働省・文部科学省）に基づき、「企業における人材育成等の取組の情報提供の促進」や「職業意識・実践的能力を高めるための教育機関改革」などに取り組むこととされている。

図表1-4 「青少年の雇用の促進等に関する法律」の概要

勤労青少年福祉法等の一部を改正する法律
（「青少年の雇用の促進等に関する法律」）

適切な職業選択の支援に関する措置、職業能力の開発・向上に関する措置等を総合的に講ずることにより、青少年の雇用の促進等を図り、能力を有効に発揮できる環境を整備するため、関係法律についての所要の整備を行う。

1．円滑な就職実現等に向けた取組の促進（勤労青少年福祉法等の一部改正）
(1) 関係者の責務の明確化等
　　国、地方公共団体、事業主等の関係者の責務を明確化するとともに、関係者相互に連携を図ることとする。
(2) 適職選択のための取組促進
　① ハローワークは、一定の労働関係法令違反の求人者について、新卒者の求人申込みを受理しないことができることとする。
　　▶ ハローワークは求人申込みをすべて受理しなければならないこととする職業安定法の特例
　② 職場情報については、新卒者の募集を行う企業に対し、企業規模を問わず、(ⅰ)幅広い情報提供を努力義務化、(ⅱ)応募者等から求めがあった場合は、3類型ごとに1つ以上の情報提供を義務化。
　　▶ 提供する情報：(ア) 募集・採用に関する状況、(イ) 労働時間等に関する状況、(ウ) 職業能力の開発・向上に関する状況
　③ 青少年に係る雇用管理の状況が優良な中小企業について、厚生労働大臣による新たな認定制度を設ける。
(3) 職業能力の開発・向上及び自立の促進
　① 国は、地方公共団体等と連携し、青少年に対し、ジョブ・カード（職務経歴等記録書）の活用や職業訓練等の措置を講ずる。
　② 国は、いわゆるニート等の青少年に対し、特性に応じた相談機会の提供、職業生活における自立支援のための施設（地域若者サポートステーション）の整備等の必要な措置を講ずる。
(4) その他
　① 勤労青少年福祉法の題名を「青少年の雇用の促進等に関する法律」に改める。
　② ハローワークが学校と連携して職業指導等を行う対象として、「中退者」を位置付ける。（職業安定法改正）

2．職業能力の開発・向上の支援（職業能力開発促進法の一部改正）
(1) ジョブ・カード（職務経歴等記録書）の普及・促進
　　国は、職務の経歴、職業能力を明らかにする書面の様式を定め、その普及に努める。
(2) キャリアコンサルタントの登録制の創設
　　キャリアコンサルタントを登録制とし、名称独占・守秘義務を規定する。
(3) 対人サービス分野等を対象にした技能検定制度の整備
　　技能検定の実技試験について、厚生労働省令で定めるところにより検定職種ごと、実践的な能力評価の実施方法を規定する。

【施行期日】平成27年10月1日（ただし、1.(2)①及び②は平成28年3月1日、1.(3)②、2.(2)及び(3)は平成28年4月1日）

資料出所：厚生労働省ホームページ

　2016年6月2日に閣議決定された「「日本再興戦略」改訂2016－第4次産業革命に向けて－」においては、主要施策例の一つとして、「未来を創る若者の雇用・育成のための総合的対策の加速化（「セルフ・キャリアドック」の導入・促進等）があげられ、同日閣議決定の「ニッポン一億総活躍プラン」においては、「希望出生率1.8」の実現に向けた課題の一つである「結婚」に関し、「若者の雇用の安定化・所得向上」に向けた対応策を講じることが掲げられている。

　新規学卒者の就職状況は2012年以降年々改善し、2016年3月新卒者に関しては、高校生の就職内定率（3月末時点）が1991年3月卒業者以来25年ぶり、大卒者の就職率（4月1日現在）は調査開始の1997年3月卒業者以来過去最高の水準となっている。

第4節　まとめと今後の課題

　以上にみたように、若年者雇用をめぐる状況は、バブル崩壊までとバブル崩壊後とにおいて様相が大きく異なり、施策の重点・方向性にも大きな違いがみられる。

　バブル崩壊までの若年者雇用は、安定的・効率的なマッチングシステムの構築と、需給双方の構造変化に対応した調整をいかに行うかということが中心的課題であった。一方バブル崩壊後は、若年者が労働市場の弱者となっていくプロセスの中で、いかにそれを食い止め、雇用の中に位置づけていくかということが中心的課題となっている。

　また、若年者雇用対策も他の雇用対策と同様、個別の施策・事業に関しては、「労働力需給調整」、「雇用の創出」、「雇用管理改善」に大きく分類できるが、さらに若年者対策に特徴的な施策として、「意識啓発」の系譜がある。労働者として発展途上にあるという若年者特有の事情に鑑み、現実の雇用社会に適応させるための「教育的指導」を行おうとするものである。戦後すぐからの「職業指導」、「職場適応指導」、「補導」に引き続き、若者の勤労意欲や職業意識の欠如が離職率の高さや中小企業の人材確保難の背景にあると考えられていた高度成長期やバブル期には特に、意識啓発が対策の大きな柱になってきた。この流れは学校における「キャリア教育」へと引き継がれていく。雇用の面では、若年者側の意識の改善により問題を解決できる段階ではなくなり、若年者本人向けの事業は、「意識啓発」から「能力開発」及び「キャリア形成支援」へ、さらに、自らの身を守るための「労働法教育」へと大きくシフトしている。

　「「日本再興戦略」改訂2014」では、それまでの各種提言に多くみられた「若者の職業意識の涵養」といった供給側への問題提起より、企業の雇用管理改善（情報開示を含む）、正規雇用化、キャリア形成支援といった需要側および政策面での対応が強く前面に出された。この背景として、今日の若年者雇用の問題の中核には、若者が労働市場における競争にさらされ、①安定した雇用機会を得にくくなっている状況、②就職しても「使い捨て」られやすい状況、③キャリアアップの促進のための政策的後押しが

必要な状況、にあることがあげられる。

この3つの問題は根の部分でつながっているものであり、2016年にかけて新卒労働市場が急速に改善してきた中にあっても、構造的な部分において、依然として大きな課題である。以下では、それぞれの観点から今後の課題について整理しておきたい。

①安定した雇用

バブル崩壊以降の若年者雇用において、最大の問題は非正規雇用の拡大である。若者の使い捨て問題やキャリアアップの機会が不足している若者の存在、さらに貧困の拡大まで、ほとんどすべての根の部分に非正規雇用問題がある。

いわゆる就職氷河期以前においては、新規学卒者（少なくとも大卒者）が初職で非正規雇用を選ばざるを得ない状況になることは少なく、仮に本意ではない就職であっても、正社員として就職することは可能であった。バブル期に存在がクローズアップされた「フリーター」は、個人の選択による進路という認識が一般的であったと思われる。

これに対して、就職氷河期を境に、新規学卒者も契約社員、紹介予定派遣など非正規雇用が職業人生の入り口になるコースが珍しくなくなってきた。バブル崩壊をきっかけに、このような変化が急激に起こったために、この時期に学校を卒業した就職氷河期世代（ロスジェネ）においては、未就職卒業者が急増し、長引く景気低迷の中で、その多くが非正規雇用に移行し、正規雇用への移行の機会に恵まれないまま、「年長フリーター」とよばれるようになっている。

就職氷河期には、求人の減少幅が大きく、変化のスピードも急であり、環境激変のインパクトが大きかったために、その前後に進行してきた供給側の構造変化と需要構造のずれといった問題が見えにくくなった面がある。まずは就職機会の量的確保が最優先の課題となったが、このことが、供給構造の変化への対応策の検討を一層難しくしたことは否定できない。

2016年時点においては、労働力需給が全体として「売り手市場」に移

行したこともあり、新卒者の就職希望（規模、業種、地域など）と実際の求人とのミスマッチ、採用・就職活動のプロセスにおける無理やムダの解消が課題となっている。新規学卒一括採用システムが今後も維持されるのであれば、学校とハローワークが連携を図り、新卒時に不安定雇用への移行を極力防止することも可能である。一方で、採用活動スケジュール、手法について一層自由度を高めることを求める動きもあり、社会経験の少ない若年者の保護と採用活動の自由とのバランスは引き続き難しい課題となっている。

　一方、新卒時に不本意ながら非正規雇用で就職した者については、一括採用システムの維持はプラスにはならない。新卒採用にこだわらず若年労働力を迎え入れる企業の増加、通年採用など採用形態の多様化等、企業側（特に大企業）の採用行動及び意識の変化と併せて、非正規雇用労働者の能力開発を促進して付加価値を高め、転職労働市場において職業能力を評価される存在となれるよう、支援の充実が必要となる。「ニッポン一億総活躍プラン」などに掲げられる非正規雇用労働者の正社員転換や待遇改善にかかる施策の展開が期待されるところである。

②企業の雇用管理改善

　若年者の労働異動は上の年齢層より活発であり、新卒就職から3年以内に離職する割合について、古くから「7・5・3」（中卒・高卒・大卒）と言われてきた。若年者の離職率の高さについて、若年者自身の職業意識の希薄さ、事前の情報収集や職場理解の不足によるイメージと実際とのギャップ、学校の割振りによる希望とのミスマッチなど、若年者自身や学校、教育のあり方に要因を求める議論もあった。しかしながら、雇用機会が不足する厳しい状況が続いた中で、若者を安い労働力として利用し、短期に回転させることにより、若者が定着したくてもできないような状況をつくっている企業が存在することも大きな問題としてクローズアップされてきた。

　このような企業は、不適切な雇用により自社の若い従業員を疲弊させるという現時点での問題だけでなく、新卒時の就職が重要な意味を持つ

日本のキャリア形成の実態の中で、将来にわたって大きなハンディを負わせる可能性があることにより、何重にも若年者を搾取していると言うことができる。こういう実態が社会問題化してきたことには、雇用機会の不足により若年者が就職先を選べない状況が続いたこと、労働条件面で負荷が高い業種の企業が多くなってきていることなどの背景があるが、さらに、日本的雇用慣行の考え方を共有せず人を育てる余裕のない企業が若年者を利用したことが、若年者の育成・成長を重要視する社会の意識を刺激し、問題意識を高めたという側面もある。将来ある若年者が使い潰されることがないよう、今後も実態把握や是正に努めることが必要である。

今後、本格的な労働力不足社会へと移行することが見込まれる中で、このような企業の多くはいずれ淘汰されていくものと考えられるが、一部の問題の多い企業の存在により、小規模企業や離職率の高い業界全体が若者から敬遠されることになれば、人材確保が一層困難になり悪循環に陥る分野が広がるおそれがある。それを防ぐためにも、「青少年の雇用の促進等に関する法律」に定められた企業の情報開示や業界全体としての雇用管理改善への取り組みが重要となるだろう。

③キャリア形成への支援

バブル崩壊後、キャリア形成の面でハンディのある非正規雇用に就く若年者が増えただけでなく、長期的視点から若者を育成する余裕を失った企業が多く、内部労働市場における人材育成力の低下も指摘されるようになった。学校から企業への移行の流れに乗ることにより一定のキャリア形成が図られた時代とは異なり、個人主導のキャリア形成が求められているが、若者が早い時期から意識して自分のキャリア形成をプランニングすることは必ずしも容易ではない。

一方、学校におけるキャリア教育は、そのあり方や効果に対する評価はさまざまであるものの、この10年あまりの間に急速に広がってきている。学校時代からの早期のキャリア教育と、社会人としての企業内でのキャリア形成、公的職業訓練も含めた企業外の教育資源が連続的に活

用され、ジョブ・カードなどのツールの普及により、個人が主体的にキャリア形成を図ることができるよう、環境をいかにして整備していくかが課題となるだろう。

　2015年6月に産業競争力会議課題別会合で発表された「未来を支える人材力強化（雇用・教育施策）パッケージ」では、「実践的な職業教育を行う新たな高等教育機関」の制度化や大学等の職業教育機能の強化（「職業実践力育成プログラム」認定制度の創設）など教育機関の職業教育力の向上とともに、個人主体のキャリア開発への支援（教育訓練給付の拡充等）や企業による職場情報の提供の充実等を図り、少年期から中高年期に至る各段階で、「いつでもキャリアアップが可能な社会」をめざすとされている。ここで提案されているような多様な施策を個人が使いこなし、「ひとりひとりの主体的な学び」に活用できるようにするためには、政策のナビゲーション機能の一層の充実も重要である。

参考文献

苅谷剛彦，菅山真次，石田浩編，2000，『学校・職安と労働市場：戦後新規学卒市場の制度化過程』東京大学出版会．

厚生労働省，各年，『厚生労働白書「付属年表」』．

厚生労働省，2011，『平成23年版　労働経済の分析－世代ごとにみた働き方と雇用管理の動向－』．

厚生労働省，2013，『平成25年版　厚生労働白書－若者の意識をさぐる－』．

小杉礼子，堀有喜衣編，2006，『キャリア教育と就業支援』勁草書房．

菅山真次，2011，『「就社」社会の誕生．ホワイトカラーからブルーカラーへ』名古屋大学出版会．

中央教育審議会，1999，『初等中等教育と高等教育との接続の改善について（平成11年12月16日答申）』．

中央教育審議会，2005，『我が国の高等教育の将来像（平成17年1月28日答申）』．

中央教育審議会，2011，『今後の学校におけるキャリア教育・職業教育の在り方について（平成23年1月31日答申）』．

中島寧綱, 1988,『職業安定行政史』雇用問題研究会.
難波功士, 2014,『「就活」の社会史』祥伝社新書.
濱口桂一郎, 2013,『若者と労働』中公新書ラクレ.
文部科学省, 1981,『学制百年史　資料編』.
文部科学省・厚生労働省, 2002,『「高卒者の職業生活の移行に関する研究」最終報告』.
労働省, 各年,『(昭和58年〜平成12年版) 労働経済の分析　参考資料「労働関係主要日誌」』.
労働省職業安定局編, 1965,『学卒の採用と定着指導－昭和39年版－』労務行政研究所.
労働省職業安定局編, 1965,『職業安定広報1965年12月21日号「新規学校卒業者職業紹介業務運営の実態－学卒ブロック別打合会から－」』.
労働省職業安定局編, 1968,『求人の手引き－人手不足をどう乗り切るか－』日本経済新聞社.
労働省職業安定局編, 1970,『職業安定広報1970年12月11・21日号「高等学校卒業予定者に対する早期選考の防止について」』.
労働省, 1991,『平成3年版労働白書－女子労働者、若年労働者の現状と課題－』.
労働政策研究・研修機構, 2010,『日本労働研究雑誌No.602「特集：若者の『雇用問題』：20年を振り返る」』.

第2章 大学等中退者の移行プロセス
―「個人化」される移行の課題―

堀　有喜衣

第1節　はじめに

　本章の目的は、これまで十分に検討されてこなかった大学・短大・専門学校・高専などの高等教育中退者（以下、大学等中退者と呼ぶ）の労働市場への移行プロセスに焦点付けることを通じて、日本社会において学校から職業への移行が「個人化」（Beck 1998）された場合の課題を浮き彫りにすることである。

　日本の新規学卒一括採用は、企業内での人材育成を前提に仕事の経験がない在学中の若者を企業が一括で採用するものだが、こうした採用慣行はタイミングをコントロールできるという点において日本の若者の「集団」としての移行を可能にするものでもあった。ただし新規学卒一括採用は同年齢の若者の労働市場への移行の時期を統制する機能を持つものの、実際の移行過程は所属集団ごとに構造化されており、同質の仲間集団の若者と共に進んでいくものである。同年齢の若者が一斉に労働市場に移行するという「集団」としての移行は諸外国でも見られたものであり、かつてヨーロッパでは階級・ジェンダー・エスニシティによって構成される集団によって移行過程は規定されていたが、「集団」としての移行は80年代以降に解体し、移行過程は「個人化」を遂げる（乾 2010）。

　日本においてはかつて集団就職という労働行政が深く関わる営みが存在し、同じ地域の中卒労働者が公共職業安定所を通じて「集団」で都市部に移動していった。高度成長期の若者の移行過程は、学歴・地域・ジェンダーによって主に規定されていたことが伺える。現在では集団就職は高度成長期に隆盛をみた歴史的な事象として認識されているが（山口 2016）、このような印象的な事象でなくとも、日本の若者の「集団」での移行はその後も維持されている。序章に記述したように、進路が高校卒業時に分化していた80年代においては日本の高校階層構造も同様の機能を果たしており、同じ高校からは同じような進路に進むという「集団」的な移行が通例であった。現在の新規学卒一括採用はかつてのように大多数の若者を包摂する慣行ではないものの、所属集団を通じて「集団」としての移行の継

続を可能にしていると考えることができる。

　しかし本章が着目するのは、以前から「集団」としての移行ができなかった学校中退者である。日本は諸外国に比べると中退者の割合は低かったが（OECD 2010）、近年大学等中退者は進学率の上昇に伴い増加している。

　大学等中退者についてもっとも包括的な調査である文科省（2014）「学生の中途退学や休学等の状況について」（対象：大学・短大・高専1163校　回収率97.6％　2014年2－3月実施）によれば、中退者数は6万3千人（07年度）から7万9千人（12年度）に増加している。この調査は毎年実施されているものではないが、『学校基本調査』を用いた大学の中退者の推計においても同様の結果が得られており（朴澤2012）、漸増傾向にある。

　ところで大学等中退後の状況については、教育の領域でも労働の領域においても把握されていない。労働の観点から言えば採用の際には卒業した学校が最終学歴になることを鑑みれば、中退というカテゴリーをわざわざ調査項目として設ける必要性は薄いということになろう。

　しかし卒業と中退ではその後のキャリアは大きく異なる。東京都の若者約2000人を対象として労働政策研究・研修機構が実施した「第3回　若者のワークスタイル調査」によれば、大学等中退者の移行はきわめて困難となっている。**図表2-1**は、2011年に東京都の若者に対して実施された「第3回　若者のワークスタイル調査」に基づき、離学時の正社員比率を示している。新規学卒者の正社員比率は離学時の景気の影響を受けやすいので、景気の状況によって時期を分類して示している。サンプルサイズが小さいため高等教育中退者は一つのカテゴリーとしているが、学校を離れた時（中退者の場合は中退時）の正社員比率は卒業者に比べてかなり低く、高卒者よりも低くなっている。

　さらに労働市場に出て経験を重ねても、正社員への移行は困難である。同じ「ワークスタイル調査」から、学歴別に分類した職業キャリアの類型化によれば（労働政策研究・研修機構2012, p.28）、高等教育中退者は、「現在無業」が14.2％、「非典型一貫（中退してからずっと非正規を継続しているキャリア）」は47.5％にのぼる。これらは正社員経験という観点か

第 2 章：大学等中退者の移行プロセス―「個人化」される移行の課題―

図表 2-1　離学時期別・離学時の正社員比率（学歴別）

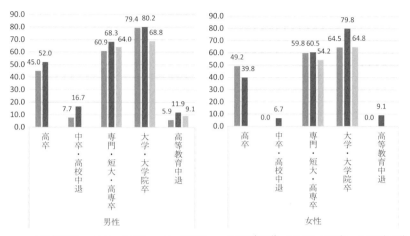

注：10 人以下のセルは正社員比率を計算していない。
調査対象が 20 － 29 歳であることから、大卒の 2004 年以前卒業者は少なく、高卒の 2010 年以降卒業者はほとんどいない。また女性の 2010 年以降の高等教育中退者はいない。
資料出所：労働政策研究・研修機構（2012, p.21）より作成

ら大学等中退者のキャリアを検討したものだが、大学等の卒業者はもちろん、高卒者よりも困難な状況に置かれている。

　大学等中退者のうち大学等に入りなおす者もいるが、一定数は労働市場に新卒者とは異なるルートで参入することになる。大学等中退問題については、濱名（2013）が主張するような教育政策での対応も重要である。しかし無視できない量の中退者が不安定な状態で労働市場に参入し、かつその不安定な状態が引き続くとすれば、労働政策における支援も不可欠ということになろう。職業安定法においても、ハローワークが学校と連携して職業指導等を行う対象として、若者雇用促進法に「中退者」を位置付けるようになったが、今後大学等中退者が減少する要因が見込めない中において、労働政策においても大学等中退者の動向は無視できない。

　そこで本書では既存調査の二次分析によりできるだけ全体像を整理し、JILPT が実施した「大学等を中途退学された方の働き方と意識に関する調査」（以下、「ハローワーク調査」と呼ぶ）を用いて当事者の実態に迫ろう

45

とした。以下では労働政策研究・研修機構（2015）の成果を活用するが、本章においてはこの研究成果の中から厚生労働省「21世紀成年者縦断調査」の二次分析、および「ハローワーク調査」を用いて論述したい。

構成は以下の通りである。大学等中退者のキャリア（第2節）、続いて円滑な移行の困難さを述べたのち（第3節）、中退理由や大学等入学以前の進路意識にまでさかのぼり（第4節）、広く政策提案を行いたい（第5節）。

第2節　大学等中退者の中退後の状況

既に述べたように、大学等中退者のその後のキャリアについてはまだ十分な調査や研究は存在していない。そこで「中退」という調査項目が存在する数少ない既存調査の中から厚生労働省「21世紀成年者縦断調査」の個票データを用いた二次分析を実施した。調査の詳細については労働政策研究・研修機構（2015）を参照して頂きたい[1]。

図表 2-2 で、大学等中退者と失業者の失業率を比較した。「無業で求職中」の者を「失業者」として失業率を求めると、中退者の失業率は同じ教育段階の卒業者の2倍前後と高い。この比は高校中退の場合が最も大きくなっているが、大学・大学院の中退者においても失業率の比は大きい。

図表 2-2　大学等中退者と卒業者の失業率(25～29歳　%)*

	男性	女性	男女計
大学・大学院卒	5.9	4.5	5.3
大学・大学院中退	8.5	5.8	7.9
専門・短大・高専卒	5.0	5.4	5.3
専門・短大・高専中退	9.3	14.4	12.0

注：*失業率は　（無業求職者）／（就業者＋無業求職者）*100　とした。
資料出所：労働政策研究・研修機構（2015）より作成

[1] 厚生労働省が「国民生活基礎調査」の調査地区から無作為抽出した地区の20～34歳の男女（及びその配偶者）に対して実施したパネル調査であり、「14年調査」「24年調査」の2つのパネルから成っている。「14年調査」は男女33,689人（第1回調査時点）、「24年調査」は男女39,892人（第1回調査時点）が対象となっている。

第2章:大学等中退者の移行プロセス―「個人化」される移行の課題―

　次に雇用形態に占める非正規雇用者の比率に注目すると(**図表 2-3**)、大学等中退者は非正規雇用が多い。雇用者に占める非正規雇用比率を同じ教育段階の卒業者と比べると、男女とも2倍前後になっている。この比は大学・大学院卒が最も大きく、大学・大学院段階での中退は非正規雇用になるリスクを他の教育段階での中退以上に高めるのである。

　続いて正社員への移行状況を整理しよう。**図表 2-4** は 25 〜 29 歳の大学進学者について、正社員就業までの期間を示したものである。大学・大学院中退者で離学から3か月以内に正社員になった者は1割にとどまる。卒業者が円滑に正社員に移行していることと比較すると対照的であり、中退者においては卒業者とは移行プロセスが異なることを窺わせる知見と言える。

　以上から、大学等を中退するということは想像以上に労働市場における困難をもたらすことは明らかであり、その困難は移行の開始時点からはじ

図表 2-3　雇用者中に占める非正規雇用者の比率(25 〜 29 歳 %)*

	男性	女性	男女計
大学・大学院卒	18.3	27.7	22.7
大学・大学院中退	43.2	61.2	47.7
専門・短大・高専卒	25.5	37.1	33.1
専門・短大・高専中退	41.9	71.0	57.3

注:*非正規雇用は、アルバイト・パート、労働者派遣事業所の派遣社員、契約社員・嘱託、その他。雇用者はこれに正社員を加えたものである。
資料出所:労働政策研究・研修機構(2015)より作成

図表 2-4　卒業・中退から、正社員就業までの期間　大学段階(25 〜 29 歳)

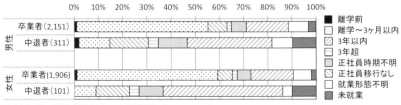

資料出所:労働政策研究・研修機構(2015, p.22)

まっていることがわかる。次節では中退者における移行の困難の一因を「ハローワーク調査」を用いて移行の形態から考察する[2]。なお「ハローワーク調査」の概要は脚注をご覧頂きたい。

第3節　中退者の労働市場への移行の困難

　本節では独自に実施した、ハローワークを利用している中退者に対する「ハローワーク調査」を活用した分析を通じて、大学等中退後の労働市場への移行過程について確認する。

　先に見たように大学等中退者の労働市場における困難は相当に大きいものがあるが、具体的にはどのようなものなのだろうか。「ハローワーク調査」において中退後の就職活動で困難・不利益を感じた割合は45.4％にのぼっている。需要側に起因する中退後の就職活動での困難・不利益として、「応募（学歴条件、選択肢限定）」、「面接（中退理由説明）」、「雇用条件（給与など）」、が挙げられているが（**図表2-5**）、採用の際に先入観を持たれて選考に進む前に履歴書によって排除されてしまうことも少なからずあると思われる。以下は「ハローワーク調査」から自由記述を整理したものである。

---

[2] 「ハローワーク調査」（大学等を中途退学された方の働き方と意識に関する調査）の実施時期は、2014年8月20日から10月末である。調査方法は、ハローワークの窓口において、求職者票から中退であることが把握できた40歳未満の対象者に対して調査を依頼することとした。調査票は、各ハローワークに配置されている相談員（全国で598名）一人あたり対象者2名に回答してもらうことを想定して、配布目安を5,980票とした。回収目標数は1,196票とし、回収数が1,107通とほぼ目標に達した10月末で配布・回収を終了した。したがって厳密には正確な回収率を計算することは出来ないが、5,980票を分母とすると回収率は18.5％である。なお無効票等があったため、集計には1,095名の調査票を用いている。
「ハローワーク調査」のバイアスとしては、第一に調査対象者がハローワーク利用者に限られているため、大学等に入り直したり、ハローワークには来ない職種（例えばミュージシャンや小説家等）や起業を希望する者は含まれない。第二にハローワーク利用者は一般の中退者に比べてより求職意欲が高いという偏りが予想されるとともに、かつ現在ハローワークに求職中の者が対象であるため、求職の結果（どのように就職したか）というよりも主に求職過程を明らかにするものとなっている。他方で中退者の求職活動におけるハローワークの位置づけであるが、求職活動経験者のうち6割がハローワーク等公的機関で就職活動をしている（労働政策研究・研修機構2015, p.51 図表1-33 参照）。したがって求職活動をした者についてはハローワーク調査を用いる一定の妥当性はあるが、大学等中退者一般の全体的な状況について把握することは難しいことには留意が必要である。ただしこうした偏りはあるものの、中退当事者に関する調査は数えるほどしかないことを鑑みると、本調査は偏りがあることを踏まえて活用する価値は高いと考えられる。

48

第2章：大学等中退者の移行プロセス－「個人化」される移行の課題－

図表 2-5　中退後の就職活動での困難・不利益（件数）

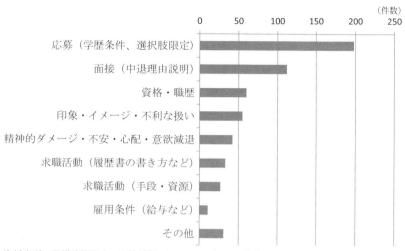

資料出所：労働政策研究・研修機構（2015, p.104）より作成

「応募（学歴条件、選択肢限定）」（198 件）
【経験や能力があっても大卒ではない為、応募出来ない事があった。経緯を説明しても、中退を理由に不採用とされた。資格取得時に条件が不利で選択の幅が狭まる。書類審査を通過出来ない事が多い。】（32 歳・男性）

「面接（中退理由説明）」（112 件）
【面接で、「なぜ大学を辞めたのか」から話が始まる。（中退後すぐの頃。社会経験がないからか）中退＝仕事もろくに続けられないのではという先方の思いが見てとれるような企業もあり、大学中退より高卒の方が就職に有利なのだと思い知らされた。中退の理由は経済的理由など人それぞれなのに、人の痛い所をついて、話を掘り下げる面接官もいるのが現状。】（28 歳・女性）

こうした企業側の採用活動に加えて、大学等中退者の移行形態にも特徴がある。**図表 2-6** は、中退した直後の予定と実際の行動の差異を示したものである。中退したら正社員として就職しようと思っていた者は多いが、

図表 2-6　中退した直後にしたいと思ったことと実際にしていたこと（複数回答）

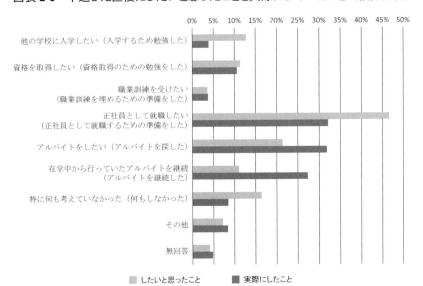

資料出所：労働政策研究・研修機構（2015, p.96）

　中退者の中では求職活動に熱心であろうハローワーク利用者においても実際にはそのための準備をすることなく、アルバイトを探したり、これまでのアルバイトを継続した者が多い。
　こうした行動に至る理由は、中退の場合の就職活動（移行行動）が自明ではないからであろう。新規学卒者の場合、いつごろ何をすればよいのかについては明確であり、学生は定められたスケジュールを意識しながら就職活動を進めることができる。しかし中退者の場合にはそうした「型」がないため、まず何をすればよいのか分からないことが、正社員への移行行動の先延ばしにつながりやすいと推測されるのである。**図表 2-7** は、中退時や中退後の支援に対する要望を尋ねたものである。

　【新卒の就職活動の仕方は、調べなくても自然と耳に入ってくるが、中退したら何をすればいいのか何も分からなかった。】（20 歳・男性）
　【大半は自分が何をしたいのか、何が出来るのか、どうしたいのか、先

第2章:大学等中退者の移行プロセス—「個人化」される移行の課題—

図表 2-7　中退時や中退後の就職支援に対する要望について（件数）

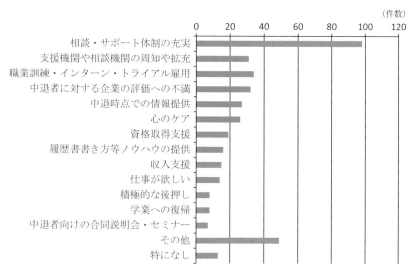

資料出所:労働政策研究・研修機構（2015, p.108）より作成

が見えないのだと思います。不安であるけど心のどこかで「どうにかなる」だろうと考えている人もいるでしょう……マンツーマンでの相談を増やした方が良いのかもしれません。】（25歳・男性）

　また学校を離れた後の就職活動は在学中とは異なり、生活費負担のための労働をすることになるため、目の前にあるアルバイト等で働きながらの就職活動になることも、正社員への移行行動を遅らせる要因になっていると推測される。

【正社員として雇用してくれる所を探す事が大変でしたので、派遣やアルバイトでつないでいました。フルタイムで働いていたので、その中での就活は時間的に難しかったです。】（36歳・女性）

　したがって大学卒業者がみな同じような就職活動を進めていけば結果に結びつきやすいのに対して、中退者の場合には「個人化」された道筋を進

まざるを得ないことが移行を困難にしていると解釈できるだろう。

第 4 節　中退に至るまでの経緯

　前節までは中退後の困難について整理したが、そもそもせっかく進学したにもかかわらずなぜ中退に至るのだろうか。上述したように文科省（2014）「学生の中途退学や休学等の状況について」によれば、大学が回答する中退理由として、「経済的理由」が 07 年度より増加していること（6.4％増）が指摘されている。しかし当事者に尋ねたわけではなく教育機関の推測も混じっているものと予想され、文科省調査から当事者の思いを把握することはできない。そこで本節では中退理由に着目しながら分析を進めることとしたい[3]。

　「ハローワーク調査」では中退理由を、最も重要な中退理由と複数回答による中退理由とで尋ねている。**図表 2-8** によると最も重要な中退理由は、「学業不振・無関心」が 4 割前後、「人間関係・大学生活不適応」が 1 〜 2 割弱、「進路変更」が 1 割 5 分程度、「病気・ケガ・休養」が 1 〜 1 割 5 分程度、「家庭・経済的理由」が 1 〜 2 割程度であった[4]。したがってこれまで中退理由として挙げられていた「経済的理由」は当事者に依拠した調査からみると、必ずしも主たる理由になってはいないことがわかる。「ハ

---

[3] 近年高校中退者については東京都の調査に基づく古賀（2015）や、北大高校中退者チーム（2011）などの貴重な成果がまとめられている。他方で大学等中退者に対する研究があまり展開されてこなかったのは、大学等中退は前向きなものであって特に問題ないとするイメージ（例：大学を中退して起業して成功など）や、高等教育に進学できるというのは経済的には一定のレベルをクリアしているので特段の問題はないとの社会の認識が強かったゆえであろうと推測される。確かに高校中退者と比較するとそうした側面はあろう。しかしながら大学等進学率がほぼ 8 割に達する今日においては、かつてのように成績優秀層や将来への意識が明確な若者、あるいは経済的に豊かな家庭の若者だけが大学等に進学するわけではなく、多様なバックグラウンドを持つ者が進学している。それゆえ 90 年代半ば以降の大学等への進学率の上昇が学生の「質」を多様化させる中で、大学等の中退者は量的にも質的にも無視できない存在となりつつある。

[4] 男女によって最大理由には違いがあった。どの学校種の男性でも「学業不振・無関心」が半数以上であることや、専門学校の女性で「人間関係・大学生活不適応」が 21.9％、大学の女性で「家庭・経済的理由」が 24.7％と比較的高かった。さらに大学・専攻分野別に、最も重要な中退理由を見ると、①人文科学、教育、その他では「学業不振・無関心」が 3 割前後と比較的低い、②人文科学、教育、芸術・家政では「人間関係・大学生活不適応」が 1 割を超える、③「進路変更」は人文・社会科学で 15％以上と高い、④「家庭・経済的理由」は教育、人文科学、その他で 2 割以上であった。詳細は労働政策研究・研修機構（2015）参照。

第 2 章：大学等中退者の移行プロセス－「個人化」される移行の課題－

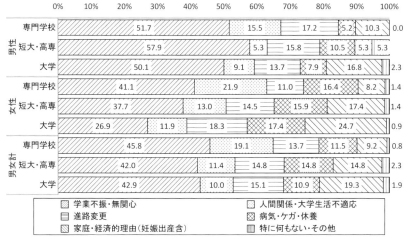

図表 2-8　最も重要な中退理由

資料出所：労働政策研究・研修機構（2015, p.74）

ローワーク調査」の偏りはむろんあるとしても、「経済的理由」のみが中退理由とは考えにくい[5]。

　次に中退の＜最大理由＞を軸に、他の詳細な＜複数回答＞との関係を検討する（**図表 2-9**）。＜最大理由＞として、「病気・ケガ・休養」と「特に何もない・その他」を除くと、いずれの＜複数回答＞においても、「勉強に興味・関心が持てなかったから」が上位3つのうちの1つとなっている。すなわち中退の＜最大理由＞にかかわらず、学業に対する興味関心の欠如は通底しているのであり、中退理由の軸を成していることがわかる。

　そこで次に進路意識との関連を検討しよう。**図表 2-10** は、進学する学校を選択する際に、「目的はあまり考えずに、とりあえず大学に進学しようと思った」かどうかによって、大学等中退理由の分布がどのように異なるかを示したものである。「目的考えなかった」では、「学業不振・無関心」が 47.4％を占めるが、「目的考えた」では「学業不振・無関心」は 37.2％

---

[5] もちろん将来を担う若者が経済的な要因で学業を断念することは人材育成においては大きな損失であり、また個人のライフチャンスの観点からも重要な課題であることは論を待たない。喜始（2016）においては、「ハローワーク調査」に基づき、経済的な要因からの分析を行っている。

図表 2-9　中退の最大理由と複数回答との関連[6]

(%)

	勉強に興味・関心が持てなかった	遅刻や欠席が多かった	単位が不足した	教員とうまく関われなかった	友達とうまく関われなかった	生活リズムが学校と合わなかった	通学するのが大変だった	仕事をしたいと思った	ほかにやりたいことがあった	病気やケガがあった	経済的に苦しかった	しばらく休みたかった	妊娠・出産をした	特に何もなかった	その他	N
＜最大理由＞																
学業不振・無関心	71.6	26.3	61.8	13.0	17.3	9.5	11.1	16.8	13.0	3.1	14.9	4.3	0.0	0.0	14.2	422
人間関係・大学生活不適応	35.1	21.1	33.3	44.7	56.1	27.2	24.6	10.5	7.9	12.3	10.5	8.8	0.0	0.0	17.5	114
進路変更	54.0	18.7	28.1	9.4	11.5	15.8	8.6	60.4	68.3	2.2	19.4	2.2	0.0	0.0	2.2	139
病気・ケガ・休養	25.2	15.7	17.4	13.9	9.6	9.6	5.2	7.0	67.8	13.9	26.1	0.0	0.0	0.0	20.0	115
家庭・経済的理由	18.1	8.8	23.4	4.1	6.4	3.5	7.0	11.1	7.6	4.1	83.6	3.5	9.4	0.0	18.1	171
特に何もない・その他	0.0	0.0	0.0	0.0	0.0	0.0	0.0	16.7	16.7	0.0	16.7	0.0	0.0	25.0	75.0	12

注：上位 3 位に網かけした
資料出所：労働政策研究・研修機構（2015, p.10）

であり、「家庭・経済的理由」が 21.5％を占める。目的を考えない「とりあえず進学」は「学業不振・無関心」による中退に結びつきやすい傾向がここでも確認できる。しかしこうした知見から、高校進路指導の転換を求めるのは現状では困難だと考えられるが、この点については次節で敷衍する。

第 5 節　大学等中退者に対する支援を考える

　本章では、既存統計の二次分析と独自に実施した「ハローワーク調査」に基づき、大学等中退者の実像に接近することを試みた。知見を要約し、

---

[6] 「学業不振・無関心」：「勉強に興味・関心が持てなかったから」「遅刻や欠席が多かったから」「単位が不足したから」、「人間関係・大学生活不適応」：「教員とうまく関われなかったから」、「友だちとうまく関われなかったから」、「自分の生活リズムが学校と合わなかったから」、「通学するのが大変だったから」、「進路変更」：「仕事をしたいと思ったから」、「ほかにやりたいことがあったから」、「病気・ケガ・休養」：「病気やケガがあったから」、「しばらく休みたかったから」、「家庭・経済的理由（妊娠出産含）」：「経済的に苦しかったから」「妊娠・出産をしたから」、「特に何もない・その他」：「特に何もなかった」「その他」に主として対応しているが、「その他」については詳しく検討し、可能な限り記述された理由によってそれぞれのカテゴリーに再割り当てした。

図表 2-10 「目的はあまり考えずに、とりあえず大学に進学してみようと思った」と最も重要な中退理由との関連

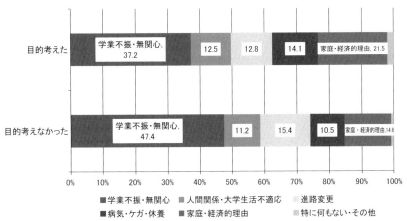

注：「大学」は専門学校や短大・高専を含む
資料出所：労働政策研究・研修機構（2015, p.11）を改変

政策的な提案について議論する。

　二次分析によれば大学中退後の労働市場においては、同じ学校段階の卒業者に比べて失業率も非正規率も高く、中退から労働市場へのプロセスがスムーズでないことが見出された。「ハローワーク調査」から応募の際に学歴条件により選択肢が限定されたり、面接で中退理由を問われることなどの課題が見受けられたが、就職活動において新卒者とは異なり、中退後に何をするべきかについて求職活動の「型」がないため戸惑い、正社員への就職活動が遅延している姿が浮かび上がった。さらに中退理由としては経済的な要因ではなく学業要因が支配的であり、とりわけ「とりあえず進学」をした場合に学業要因で中退する傾向が見出された。

　以上から、大学等中退は予想以上に労働市場への移行を困難にしているため、労働市場に出てからの支援の充実とともに、中退要因からあらためて振り返るなら、高校卒業時の進路選択過程の再考が欠かせないことは明らかである。しかし「とりあえず進学」ではない進路選択は、高校進路指導の転換によって解決できるような状況にはないことにもまた留意すべき

であろう。

　大学等への進学率は地域によって大きく異なるものの8割近くにのぼっており、専門高校にはまだ一定数の就職者がいるが、普通高校の就職者は中堅校でも数人しかいない。こうした中では、中堅校であっても進学か就職を考える以前に「みんなが進学するから進学する」という「集団」を通じた進路選択になる。したがって多くの高校生にとっては、一定以上の学力や明確な意識がなくても進学するという進路選択が普通だといえる。かつて18歳時点であった進路決定は、結果的に先延ばしになっている。

　ただしこうした進路選択はかつてとそれほど違うわけではない。高校生の4割が就職していた80年代にも「みんなが就職するから就職」していたのであった。80年代の高校生の進路選択は入学以前の予期的社会化と（例：商業高校だから就職するだろう）、入学後の進路指導（就職を前提とした指導）と生徒文化（みんなが就職するから就職しよう）によって卒業時には進路が分化し、スムーズに高校から職業へ移行していた。相違点は90年代に少子化によって進学が容易になり、産業構造の変化により高卒労働市場が縮小したというマクロ的な環境を背景に、80年代は所属高校によって構造化されていた進路選択過程の柔軟度が進学という選択肢においてのみ高まったこと、また教員の指導理念の変容（進路保証から「自由」な進路選択へ）が生じたことである。

　こうした状況に対応した高校進路指導は80年代のような大学ランクのみを重視する指導ではなく、興味関心をも重視する方向に転換した。高校進路指導だけでなく制度的な観点からしても、中等教育における専門高校比率が低く、またアメリカのような科目によるトラッキングによる進路分化も行わず、専門高校や専門学校からでもアカデミックな大学への進学や編入が容易な単線型を維持する日本の教育システムは、早期の進路選択を避け、あらゆる可能性を残した進路選択が望ましいとされる日本社会の認識を映し出している。それゆえ高校進路指導に進路分化の重責を追わせるのはおよそ現実的とはいえない。

　したがって高校に対しては、大学における学業の興味関心を支えるような基礎学力を求め、大学においては基礎学力を補うようなリメディアル教

第2章：大学等中退者の移行プロセス－「個人化」される移行の課題－

育の更なる充実や様々な教育的働きかけを行うことが、学業に対する興味関心を高め、学業の継続を可能にすると考えるのが現実的な選択肢であろう。さらに従来から指摘されているような専攻決定の遅延や編入学制度の整備、大学への「第一世代」（家族に高等教育を受けた人のいない学生）であることが引き起こす課題等、多様な学生が学業継続できるような制度を拡大することも効果的だと予想される[7]。こうした取り組みが高等教育全体に広がることが結果として中退を減少させ、日本社会の学校から職業への移行の安定化に寄与するものと推測される。

　教育政策に関する知見は一見労働政策の範疇を超えるものだが、個人の中での一連の進路選択過程は連続的なものであり、中退して労働市場に入る以前の中退理由や進路意識、そして労働市場に出た後の大学等中退者の困難と移行行動の問題点は一体のものである。例えば中退理由と中退後の就職活動開始時期との関連を見ると、最も重要な中退理由が「進路変更」の場合は「中退する前から」就職活動を始めている割合が27.1％を占めるが、「病気・ケガ・休養」を理由とする場合には、就職活動の開始時期までに時間がかかっている。中退理由によって就職活動開始時期にばらつきが見られることを考慮すると、中退理由がその後の移行に影響を与えることは容易に想像できる[8]。労働研究から教育政策に対する示唆を発信することは、今後益々重要になってくるだろう。

　さらに冒頭で述べたように、中退者を移行過程が「個人化」された事例としてみるならば、移行の「個人化」は「集団」としての移行と比べるとキャリアにおける困難が大きい。例えば新規学卒一括採用がなくなり、日本社会において「集団」的な移行の前提が喪失し「個人化」が広がった場合、従来のような移行の「型」がなくなり正社員への移行行動が遅れることが本知見から容易に推測できる。「集団」として移行するという慣行は、より多くの若者を労働市場に円滑に移行させることに寄与しており、新規

---

[7] 労働政策研究・研修機構（2015）の資料編のケース記録から見られる傾向としては、大学においては中退に対する局所的な対応というよりは、全学的な教育改革への取り組みが意図されていた

[8] 「ハローワーク調査」は求職中の方が対象であるため、その後のキャリアについて把握することは残念ながらできない。

57

学卒一括採用は所属集団を通じて「集団」としての移行を可能にしていることがあらためて確認できたともいえる。ただし新規学卒一括採用が所属集団を通じて「集団」としての機能を持ちうるのは、この慣行がまだ支配的だからであって、少数の若者にのみ適用される特権のようになれば、「集団」としての移行機能を失うことになるだろう。その時日本の若者は「個人化」された移行を余儀なくされ、若年失業率が上昇するという事態となることは明らかである。

　なお今回のアプローチは大学等中退問題の一端を明らかにしたにすぎず、中退問題については今後の研究の深化が期待される。

参考文献
乾彰夫，2010，『＜学校から仕事へ＞の変容と若者たち－個人化・アイデンティティ・コミュニティ』青木書店．
喜始照宣，2016，「第 4 章　ハローワーク調査からみた経済的理由による大学中退者の特徴・背景」，文部科学省先導的大学改革委託推進事業『経済的理由による学生等の中途退学の状況に関する実態把握・分析等及び学生等に対する経済的支援の在り方に関する調査研究』．
古賀正義，2015，「高校中退者の排除と包摂－中退後の進路選択とその要因に関する調査から」『教育社会学研究』96 集．
濱名篤，2013，「大学中退の捉え方──マクロな視点から」『大学教育学会誌』第 35 巻第 1 号，pp.12-16．
朴澤泰男，2012，「学校基本調査に見る中退と留年」『IDE』2012 年 12 月号，pp.64-67．
北大高校中退調査チーム，2011，「高校中退の軌跡と構造（中間報告）：北海道都市部における 32 ケースの分析」『公教育システム研究』10: pp.1-60．
文部科学省，2014，「報道発表　学生の中途退学や休学等の状況について」，http://www.mext.go.jp/b_menu/houdou/26/10/__icsFiles/afieldfile/2014/10/08/1352425_01.pdf．

山口覚，2016,『集団就職とは何であったか－＜金の卵＞の時空間－』ミネルヴァ書房.
労働政策研究・研修機構，2012,『大都市の若者の就業行動と意識の展開』労働政策研究報告書 No.148.
労働政策研究・研修機構，2015,『大学等中退者の就労と意識に関する研究』JILPT 調査シリーズ No.138.
Beck, 1988, *RISIKOGESELLSCHAFT Auf dem Weg in eine andere Moderne, Suhrkamp Verlag*,（＝1998, 東廉・伊藤美登里訳『危険社会　新しい近代への道』法政大学出版局.
OECD, 2010, *Jobs for Youth:Japan*, 濱口桂一郎監訳，中島ゆり訳,『日本の若者と雇用－OECD 若年者雇用レビュー：日本』明石書店.

第3章 ニートの背景としての世帯と親の状況：国際的な議論と日本の実態

小杉 礼子

第1節 はじめに

　本章では、ニートに関する国際的議論を念頭に、その属する世帯の経済状況や親の収入・学歴など、ニート状態の背景にある社会経済的要因について検討する。

　近年のOECDやILOなどの国際機関の若者雇用に関わる議論ではニートについて言及されることが多い。従来からの若年失業率という指標だけでは、若者の労働市場への参入における困難を十分把握できないという認識の下、より広く若者の状況を把握するための指標として、就業しておらず、学校にも職業訓練にも参加していない若者、すなわちニート（NEET：Neither Employed nor in Education or Training）が注目されるようになった。彼らは、労働市場において周辺化されたり排除されたりするリスクにさらされた存在である（OECD 2011、ILO2012など）。

　国際的な文脈でのニートには、求職活動中の失業者が含まれる。彼らは活動的な（active）なニートであり、非活動的な（inactive）なニートとはしばしば区別して論じられる。求職活動をするかしないかの違いばかりでなく、ニートは多様な背景を持ち、多様な状況に置かれた異質な若者たちの集合体であり、そのニーズも多様であると認識されている（OECD 2009）。

　いずれにしても、懸念されるのは若い時期に労働市場に参入しそこなうことが、将来にわたって与える影響である。その期間に職業能力の形成が進まないとか、仕事につながる人脈が得られないといったことばかりでなく、他の企業に採用されなかったことが当人の能力に問題があるのではないかという疑念を応募企業に抱かせるなど、その後のキャリアの展開を阻む壁となる。このキャリアに残される傷跡（scarring effect）は個人にとっても、社会にとっても重い課題となる（OECD 2010, 2011, Carcillo, S. et al. 2015など）。

　世界金融危機以降、多くの国でニートの割合は上昇し、近年の景気回復に伴い低下傾向がみられるものの、危機以前の水準にまではもどっていな

い（OECD 2016）。ニートの多くは低学歴層であるが（2015 年の OECD 平均では、15 〜 29 歳[1]のニートにおいては後期中等教育修了未満が 36.1 ％、後期中等教育修了が 47.3 ％、高等教育修了が 16.5 ％を占める：OECD 2016）、経済危機以降に増加した失業中のニートには高学歴者が少なくなく、多くの国でニートに占める高学歴者の割合は高まった。経済変動に伴って増減するのはニートの中でも失業者の部分であり、非活動的ニートの割合はあまり変化がない（Carcillo, S. et al. 2015）。こうした事態から、近年対策の焦点となっているのは、景気回復後も取り残される可能性の高い、低学歴・低技能[2]のニートである。

　Carcillo, S. et al.（2015）は、ニートになる、またはニート状態を継続する可能性を高める要因として、早い段階で学校を離れること、ひとり親になること、無業世帯（世帯内に就業者が誰もいない世帯）に暮らすこと、健康に問題があること、さらに、両親のいずれもが前期中等教育までの学歴であることを挙げている。

　特に、早い段階で学校から離れる低学歴・低技能のニートは、無業世帯に暮らす割合が高い。15 〜 29 歳の若者のうち無業世帯に暮らす者は、2014 年の EU 諸国平均で、ニート全般では 37.4 ％、非ニートでは 8.4 ％であるのに対して、低学歴・低技能ニートでは 44 ％に達している。彼らは、より高学歴のニートに比べて、まず貧困のリスクにさらされているといえるが、同時に、それは長期的にキャリアを展開する機会を制約されているということでもある（OECD 2016）。

　わが国はニート問題に比較的早くから取り組んできた国であるが、政策導入の際のニートの定義は、現在の OECD 統計などとは異なっている。

---

[1] OECD のニートに関する統計資料においては、その年齢を 15 〜 24 歳とすることが多かったが、近年では 15 〜 29 歳とすることが一般的である。わが国においては、2000 年代半ばのこの言葉の導入期において、当時の若者政策に合わせて 15 〜 34 歳と定義した。ただし、近年のニート政策ではより高い年齢層まで対象を広げており、統計資料でもその範囲を広げている。

[2] OECD における議論では、低技能 low-skilled と低学歴 low-educated は同義に扱われることが多い。多くの OECD 諸国における学校と労働市場との接続のあり方が、わが国とは異なることが背景にある。

すなわち、「ニートに近い概念として、若年無業者を年齢を15〜34歳に限定し、非労働人口のうち家事も通学もしていない者」（厚生労働省2004）としてその量的把握を行い、ほぼこれが現在までわが国でのニートの定義となっている。国際的な定義と比べると、より高い年齢層を含む一方、失業中の者と家事をしている者を除いており、非活動的（inactive）ニートからさらに家事を行っている者を除くという対象を絞った定義である。こうした対象を絞った把握をもとに、政府は、2005年には「若者自立塾」、2006年には「地域若者サポートステーション事業」というニート政策に着手している。

　この「ニート」の数については、政府では毎年の「労働力調査」（総務省統計局）から上記の定義で推計しているが、「労働力調査」から得られる個人属性や世帯についての情報は限られている。そのため労働政策研究・研修機構（2005, 2009, 2014）は、5年おきに行われる「就業構造基本調査」（総務省統計局）の2次集計によって、個人属性等を明らかにしており、世帯や親に関しては、ほぼ7割が世帯主の子であり親と同居していること、世帯年収は子が就業している世帯より低いこと、特に低学歴の「ニート」においては世帯収入が低い者が多いことなどを指摘してきている。さらに、無業であって求職活動をするかしないかが世帯の収入に影響されるかを検討しているが、高卒までの学歴の無業者の場合は世帯収入が相対的に高い者のほうが求職活動をしておらず、高等教育卒業の無業者では世帯収入が低い者のほうが求職活動をしていない傾向があること示し、親が豊かだから子どもが求職活動をしないといった単純な関係ではないことを明らかにしている。

　こうした議論展開の背景には、宮本（2005）が指摘するように、ニート問題が欧米諸国では低学歴層、あるいは低い社会階層が固有にかかえる問題として論じられてきたのに対して、我が国では高学歴層、あるいは中流階層出身の若者の問題として関心を集めてきたことがある。小杉編（2005）は、多様な家庭背景を持つ非活動層へのヒアリング調査結果をまとめているが、このデータの整理にあたって宮本は、子どもの教育水準と家庭の経済水準をもとに、子どもが中学・高校卒学歴で経済水準が低い

「中・高卒放任家庭」と並んで、高等教育を卒業しながらも親の期待にかなう自立ができない「期待はずれに直面する教育志向家庭」といった類型を示している。高学歴化が進んだ現在の我が国においては、非活動層にも高学歴層は少なくない。

さらに伊藤（2015）によれば、「社会生活基本調査」（総務省統計局）から両親と子ども（15〜34歳）からなる核家族を抽出し、子どもの学歴と世帯年収をコントロールしたうえで、子どもの就業の有無への親の学歴の影響を検討すると、父親の学歴が高いほうが子どもは就業していないという。わが国におけるニート問題が、低い社会階層の問題にとどまらないことは確かであろう。

高学歴層が少なくないことに加えて、非活動層にのみ注目した日本型のニートの把握は、これまでの就業支援対策の外にあった若者たちを鮮明に切り出すことで政策的支援の早急な立ち上げにつながったといえるが、一方では、求職活動をする若者との対比から「働く意欲のない若者」の問題という認識を広めてしまった面もあるだろう。

本章においては、OECD諸国を中心としたニート議論と我が国におけるそれとの違いを踏まえ、国際的な議論に準じたニート定義を用いて、特に低学歴ニートに注目して彼らが暮らす世帯や親の学歴などについて、我が国における特徴を明らかにすることを試みる。そのうえで、低学歴ニートに焦点を当てた政策の必要性について検討したい。

併せて、日本型の定義で把握される「ニート」と国際的な定義で把握される「非活動的（inactive）ニート」との対象者像の違いについても確認し、日本型の把握の課題についても検討する。ただし、「日本型ニート」の定義については、厚生労働省（2004）のそれを若干変えたもので議論する。すなわち、労働政策研究・研修機構による「就業構造基本調査」の2次集計では、「非労働力のうち家事も通学もしていない者」とする厚生労働省（2004）の定義に対して、家事を行っている者すべてを除くのではなく、専業主婦のみを除くほうが就業支援の対象を考えるためには適切であるとして、独身で家事をしている層を別掲する形で検討の対象に加えている。本稿においてもその考え方に立ち、「日本型ニート」を、専業主婦をそこ

から除くという意図で、「15 ～ 34 歳の無業者のうち求職活動をしていない者で、在学も通学もしておらず、配偶者がいない者」として検討する。

第 2 節　分析に用いるデータと基本属性

　この分析のために用いるのは、「平成 24 年版就業構造基本調査」の個票データであり、本分析のために総務省統計局から使用許可を受けたものである。同調査は基本的にわが国の全世帯を母数とした標本調査であり、約 47 万世帯の世帯員約 100 万人を抽出して 2012 年 10 月に実施された。本分析では、国際的な議論に合わせる意図から 15 ～ 29 歳（日本型ニートについては 15 ～ 34 歳）の者の個票、およびこれらの者が世帯内で「子」である場合に、世帯主、および世帯主の配偶者のデータを子のデータに接続して用いる。

　まず 15 ～ 29 歳層について母集団に割り戻した数値で示すと（**図表 3-1**）、人口は 1,925 万人、うち就業者は 1,072 万人、無業で就学している者（＝学校に在学中の者および予備校などを含めて通学している者）668 万人、そのいずれでもない者（＝国際定義に準じたニート）は残りの 185 万人で、これは同年齢人口の 9.6％にあたる。OECD 諸国での同年齢人口に占めるニートの割合は Carcillo, S. et al（2015）によれば 2012 年平均で 18％であるので[3]、やはり我が国はニート率の低い国である。性別には、男性のニート数 64 万人（6.5％）、同女性 121 万人（12.8％）と女性のほうが多く、これは国際的な傾向と一致している。

　図表 3-1 では、それぞれについて学歴別の構成を示した。男女計のニートについてみると、中学卒が 15.3％と、先に見た OECD 平均の後期中等教育未収了 36.1％より大幅に低く、また高等教育修了者は専門学校・短大や大学等を合わせると 40.3％で、OECD 平均 16.5％よりかなり高い水準である。わが国のニートに高学歴者が多いことは明らかである。ただし一方で、15 ～ 29 歳の人口計や就業者における中学卒の学歴の者は 4％程度で

---

[3] 16 ～ 29 歳、ただしいくつかの国は異なる年齢幅である。また、OECD（2016）では 2015 年の 15 ～ 29 歳のニート率を 14.6％としている。

第3章：ニートの背景としての世帯と親の状況：国際的な議論と日本の実態

図表 3-1　若年層の就業・無業状況と学歴構成（ウェイトバック値）

単位：%、太字は実数

		中学卒	高校卒	専門・短大・高専卒	大学・大学院卒	学校種不詳等	在学中	合計	N（千人）	構成比(%)
男性・15〜29歳人口計		4.2	22.2	9.6	21.0	0.3	42.6	100.0	9,815	*100.0*
ニート		18.1	46.2	12.4	22.9	0.4	0.0	100.0	**636**	*6.5*
うち:無業で求職(active)		13.8	40.3	16.4	29.2	0.3	0.0	100.0	353	
うち:無業で非求職(inactive)		23.4	53.5	7.4	15.1	0.6	0.0	100.0	283	
女性・15〜29歳人口計		3.8	19.3	18.6	17.8	0.3	40.1	100.0	9,437	*100.0*
ニート		13.9	42.6	26.6	16.3	0.6	0.0	100.0	**1,210**	*12.8*
うち:無業で求職(active)		13.3	39.4	27.2	19.6	0.5	0.0	100.0	404	
うち:無業で非求職(inactive)		14.2	44.2	26.3	14.7	0.7	0.0	100.0	806	
男女・15〜29歳人口計		4.0	20.8	14.0	19.5	0.3	41.4	100.0	19,252	*100.0*
ニート		15.3	43.8	21.7	18.6	0.6	0.0	100.0	**1,846**	*9.6*
うち:無業で求職(active)		13.5	39.8	22.1	24.1	0.4	0.0	100.0	757	
うち:無業で非求職(inactive)		16.6	46.6	21.4	14.8	0.7	0.0	100.0	1,089	
就業		4.6	29.3	21.4	31.6	0.4	12.6	100.0	10,723	*55.7*
無業で就学		0.0	0.7	0.1	0.2	0.0	98.9	100.0	6,683	*34.7*
日本型ニート*	男性	23.8	51.2	8.4	16.2	0.0	0.0	100.0	386	*2.8*
	女性	19.1	49.6	18.9	11.9	0.5	0.0	100.0	368	*2.8*
	男女計	21.5	50.4	13.5	14.1	0.5	0.0	100.0	753	*2.8*

注：*日本型ニートは、15〜34歳の無業者のうち求職活動をしていない者で、在学も通学もしておらず、配偶者がいない者。なお、この構成比は同年齢人口に対する比率。
　　*4年制以上の専門学校卒については、大学・大学院卒に含めた。

あり、これと比較するなら、明らかに低学歴の者の割合は大きい。

　また、ニートについては、求職活動をしている者（active）と求職活動をしていない者（inactive）に分けた時の学歴構成も示した。男女とも求職活動をしている者には比較的高学歴が多く、非求職型には学歴が低い者が多い。これも先の Carcillo, S. et al（2015）の指摘に沿った結果である。ただし、非求職型ニートの学歴構成は男女でかなり異なり、男性では中学卒が23.4％と高い割合になっているのに対して、女性では14.2％と求職型とあまり変わらない。人数についても、女性の非求職型は男性のそれの3倍近くと多い。女性の非求職ニートには専業主婦が少なからずいることが背景にあるのだろう。これを除いている「日本型ニート」をみると、中卒、高卒の学歴の人はこちらの方が多く、また人数の上でも男性と変わらない水準となっている。女性の非求職型について既婚者を分けて考えることは、性別役割分業観をもつ人が少なくないわが国の現状を考えれば、意味

のあることだと思われる。

第3節　ニートが属する世帯

ニートの属する世帯はどのような世帯なのか。ニート状態の若者は誰かと共に暮らしているのか、その世帯の生計はどう担われているのか。家計を支える成人の就業者のいる世帯であるかどうかが知りたいところであるが、このデータからわかる範囲で整理してみる。

まず、**図表 3-2** は 15〜29 歳（日本型ニートについては 15〜34 歳）の若者たちの属する世帯を類型化してみたものである。この年齢層の全体として、男性も女性も「親等[4]と同居」している者が7割程度と多い。男性

図表 3-2　若年層の就業・無業状況別にみた世帯類型（ウエイトバック値）

単位：％、太字は実数

			親等と同居[*1]	単身世帯	世帯主夫婦[*2]	ひとり親世帯[*3]	その他	合計N（千人）
15〜29歳	男性	ニート	85.5	10.5	1.9	0.0	2.0	**642**
		うち：無業で求職(active)	86.8	8.5	2.6	0.0	2.1	**354**
		うち：無業で非求職(inactive)	84.0	13.0	1.1	0.0	2.0	**288**
		就業	55.3	28.1	14.3	0.1	2.2	**5,632**
		無業で就学	82.8	16.5	0.1	0.0	0.7	**3,566**
		合計	67.2	22.7	8.4	0.0	1.6	**9,840**
	女性	ニート	44.1	5.7	45.3	1.2	3.7	**1,219**
		うち：無業で求職(active)	63.0	8.2	23.4	1.4	3.9	**406**
		うち：無業で非求職(inactive)	34.6	4.5	56.2	1.0	3.6	**813**
		就業	64.0	20.9	11.3	0.9	2.9	**5,124**
		無業で就学	87.8	11.3	0.1	0.0	0.7	**3,117**
		合計	69.3	15.8	12.0	0.6	2.3	**9,461**
15〜34歳	日本型ニート[*4]	男性	81.7	16.5	0.0	0.0	1.8	**391**
		女性	77.3	13.4	0.0	4.1	5.2	**371**
		合計	79.6	15.0	0.0	2.0	3.4	**763**

注：*1 本人が世帯主の子である場合のほか、世帯主の孫であったり、世帯主の子どもの配偶者であったりする場合、および本人が世帯主であって親と同居している場合を含む。
　　*2 本人が世帯主又は世帯主の配偶者であって、親と同居していない場合。
　　*3 本人が世帯主であるひとり親世帯で、子どもが18歳未満の場合。
　　*4 日本型ニートは、15〜34歳の無業者のうち求職活動をしていない者で、在学も通学もしておらず、配偶者がいない者。

---

[4] 家計を支える成人が世帯内にいるかどうかが知りたいところであるため、ここには世帯主の子として同居している場合ばかりでなく、孫であったり、子の配偶者であったりする場合、さらに、本人が世帯主であってその親が同居している場合も含めている。

ニートの場合は求職型も非求職型も、親等との同居は85％程度と高い比率となっている。一方、女性では親等と同居している人は半数以下と少ない。多いのは本人か配偶者が世帯主であって親と同居していない「世帯主夫婦」である。この2つを合わせると（すなわち親や夫との同居は）9割で、大半が自分以外の成人と暮らしている。非求職型でこの類型の女性はほぼ専業主婦といっていいだろう。

「単身世帯」は男性で1割程度、女性のうち求職型はこれに近い。また、「ひとり親世帯」（本人が世帯主のひとり親であって、18歳未満の子と同居）は女性の場合に数は少ないがいる。

「日本型ニート」は専業主婦層を除く定義なので、女性の場合も親等と同居する人が8割近くと多い。また「単身世帯」や「ひとり親世帯」も、15〜29歳層のニートより多くなっている。

さて、ではこれらの世帯の生計はどう賄われているのか。「この1年間の個人収入の種類」について情報が得られるので、まず、ニート本人の収入状況についてみてみよう。

図表3-3は、本人の主な収入の種類をその属する世帯状況別にみたものである[5]。「収入なし」に注目すると、男女とも、また求職、非求職に関わらず、「親等と同居」の場合には7〜8割程度が「収入なし」である。また、女性の「世帯主夫婦」でもこの比率が高い。親や夫などの収入で生計が成り立っている世帯が大半だと思われる。

一方、個人収入がある者が多いのは、男女の「単身世帯」と男性の「世帯主夫婦」、女性の「ひとり親世帯」である。求職型の場合、その収入の種類は男女とも賃金や給与が多く（この1年間の収入なので、以前の仕事からのものだと推察される）、「世帯主夫婦」の場合は雇用保険の受給者も少なくない。「単身世帯」では男女とも、仕送りが主な収入であるケースが2割弱ある。

一方非求職型については、「単身世帯」の場合、男性では68％女性では35％が「年金・恩給」を主な収入源としている。対象は29歳までなので、

---

[5] これ以降の分析は対象をニートに限るのでケース数が少なくなる。そのため母集団に割り戻しても信頼性は低くなるので、割り戻すことはせず、実測値のまま扱うこととする。

図表 3-3　ニートの世帯類型別主な個人収入の種類

①男性　　　　　　　　　　　　　　　　　　　　　　　　　　単位：％、太字は実数

<table>
<tr><th colspan="2"></th><th rowspan="2">収入なし</th><th colspan="7">主な収入の種類</th><th rowspan="2">合計(N)</th></tr>
<tr><th>賃金・給与</th><th>年金・恩給</th><th>雇用保険</th><th>その他の給付</th><th>仕送り</th><th>その他</th><th>不詳</th></tr>
<tr><td rowspan="4">無業で求職
(active)
(15～29歳)</td><td>親等と同居</td><td>69.2</td><td>18.7</td><td>0.6</td><td>3.1</td><td>0.8</td><td>0.6</td><td>4.0</td><td>3.0</td><td>2,623</td></tr>
<tr><td>単身世帯</td><td>31.7</td><td>23.0</td><td>5.0</td><td>4.3</td><td>0.7</td><td>15.1</td><td>18.0</td><td>2.2</td><td>139</td></tr>
<tr><td>世帯主夫婦</td><td>17.5</td><td>46.0</td><td>3.2</td><td>15.9</td><td>4.8</td><td>3.2</td><td>9.5</td><td>0.0</td><td>63</td></tr>
<tr><td>合計</td><td>65.8</td><td>19.6</td><td>0.8</td><td>3.5</td><td>0.9</td><td>1.4</td><td>5.0</td><td>2.9</td><td>2,889</td></tr>
<tr><td rowspan="4">無業で非求職
(inactive)
(15～29歳)</td><td>親等と同居</td><td>79.6</td><td>2.8</td><td>6.0</td><td>0.7</td><td>3.3</td><td>0.4</td><td>4.3</td><td>2.9</td><td>2,005</td></tr>
<tr><td>単身世帯</td><td>15.9</td><td>1.2</td><td>67.8</td><td>0.6</td><td>3.3</td><td>3.5</td><td>2.7</td><td>4.9</td><td>485</td></tr>
<tr><td>世帯主夫婦</td><td>42.1</td><td>10.5</td><td>10.5</td><td>0.0</td><td>5.3</td><td>0.0</td><td>26.3</td><td>5.3</td><td>19</td></tr>
<tr><td>合計</td><td>67.0</td><td>2.6</td><td>17.8</td><td>0.7</td><td>3.3</td><td>1.0</td><td>4.2</td><td>3.4</td><td>2,556</td></tr>
<tr><td rowspan="3">日本型
ニート
(15～34歳)</td><td>親等と同居</td><td>78.4</td><td>2.8</td><td>7.0</td><td>0.6</td><td>3.9</td><td>0.3</td><td>4.3</td><td>2.8</td><td>2,719</td></tr>
<tr><td>単身世帯</td><td>14.6</td><td>1.5</td><td>68.9</td><td>0.5</td><td>4.9</td><td>3.5</td><td>4.9</td><td>1.4</td><td>803</td></tr>
<tr><td>合計</td><td>63.8</td><td>2.6</td><td>20.9</td><td>0.6</td><td>4.0</td><td>1.0</td><td>4.6</td><td>2.5</td><td>3,586</td></tr>
</table>

②女性

<table>
<tr><th colspan="2"></th><th rowspan="2">収入なし</th><th colspan="7">主な収入の種類</th><th rowspan="2">合計(N)</th></tr>
<tr><th>賃金・給与</th><th>年金・恩給</th><th>雇用保険</th><th>その他の給付</th><th>仕送り</th><th>その他</th><th>不詳</th></tr>
<tr><td rowspan="5">無業で求職
(active)
(15～29歳)</td><td>親等と同居</td><td>65.1</td><td>21.7</td><td>0.3</td><td>4.2</td><td>1.8</td><td>0.6</td><td>3.7</td><td>2.8</td><td>2,216</td></tr>
<tr><td>単身世帯</td><td>27.8</td><td>34.6</td><td>0.0</td><td>3.8</td><td>5.3</td><td>17.3</td><td>9.8</td><td>1.5</td><td>133</td></tr>
<tr><td>世帯主夫婦</td><td>69.6</td><td>17.3</td><td>0.0</td><td>6.1</td><td>1.6</td><td>0.0</td><td>1.6</td><td>3.8</td><td>704</td></tr>
<tr><td>ひとり親世帯</td><td>13.2</td><td>13.2</td><td>2.6</td><td>2.6</td><td>28.9</td><td>0.0</td><td>31.6</td><td>7.9</td><td>38</td></tr>
<tr><td>合計</td><td>63.4</td><td>21.2</td><td>0.3</td><td>4.6</td><td>2.3</td><td>1.2</td><td>3.9</td><td>3.1</td><td>3,207</td></tr>
<tr><td rowspan="5">無業で非求職
(inactive)
(15～29歳)</td><td>親等と同居</td><td>79.1</td><td>7.1</td><td>3.1</td><td>0.8</td><td>2.6</td><td>0.9</td><td>3.3</td><td>3.2</td><td>2,547</td></tr>
<tr><td>単身世帯</td><td>24.9</td><td>3.0</td><td>34.8</td><td>0.3</td><td>12.9</td><td>8.7</td><td>7.5</td><td>7.8</td><td>333</td></tr>
<tr><td>世帯主夫婦</td><td>85.2</td><td>8.2</td><td>0.1</td><td>1.6</td><td>0.6</td><td>0.2</td><td>0.8</td><td>3.3</td><td>3,462</td></tr>
<tr><td>ひとり親世帯</td><td>33.3</td><td>11.1</td><td>2.2</td><td>2.2</td><td>24.4</td><td>2.2</td><td>24.4</td><td>0.0</td><td>45</td></tr>
<tr><td>合計</td><td>79.1</td><td>7.4</td><td>3.0</td><td>1.3</td><td>2.2</td><td>0.9</td><td>2.4</td><td>3.6</td><td>6,594</td></tr>
<tr><td rowspan="4">日本型
ニート
(15～34歳)</td><td>親等と同居</td><td>77.1</td><td>5.4</td><td>5.5</td><td>0.8</td><td>4.6</td><td>0.3</td><td>3.8</td><td>2.5</td><td>2,394</td></tr>
<tr><td>単身世帯</td><td>21.4</td><td>3.0</td><td>44.4</td><td>0.6</td><td>10.4</td><td>7.0</td><td>8.6</td><td>4.6</td><td>500</td></tr>
<tr><td>ひとり親世帯</td><td>27.6</td><td>6.1</td><td>2.0</td><td>1.0</td><td>27.6</td><td>4.1</td><td>29.6</td><td>2.0</td><td>98</td></tr>
<tr><td>合計</td><td>66.0</td><td>5.1</td><td>11.6</td><td>0.8</td><td>6.4</td><td>1.6</td><td>5.6</td><td>3.0</td><td>3,111</td></tr>
</table>

注：「その他世帯」はおよび男性の「ひとり親世帯」については掲載を省いた。

老齢年金等でなく障害年金あるいは遺族年金ということが考えられる。また、女性の「ひとり親世帯」では、（求職型も含めて）「その他の給付」が多い。「その他の給付」には、児童扶養手当や生活保護費などが入るであろう。こうした社会保障給付は、一定範囲で、ニート状態の若者の生計を支える役割を果たしている。

　日本型ニートは、世帯類型別にみれば、非求職型ニートと収入の種類のあり方はあまり変わらない。女性の非求職型ニートに多く含まれる専業主婦層は「世帯主夫婦」の類型に属するので、これを分けると、年齢の幅が違うだけでほぼ同じ対象者を捕捉していることになる。

　さて、こうした収入の構造は学歴によって異なるのか、低学歴ニートに

第3章：ニートの背景としての世帯と親の状況：国際的な議論と日本の実態

注目して、その生計はどのように支えられているのか、より詳細な検討を行う。**図表3-4**では、世帯類型ごとに学歴をわけて、収入の構造を検討した。数値は、**図表3-3**と同じ設問で、「収入なし」とした者の割合と、「年金・恩給」「雇用保険」「その他の給付」の3種の「社会保障給付」のいずれかを主な収入とする者の割合である。本人の学歴による違いがはっきりわかるのは「単身世帯」の場合で、非求職型の男女（および日本型ニートの男女）では、中学卒、高校卒の場合は社会保障給付を受給している者が多く「収入なし」は少ない。これに対して、専門学校や短大、大学等の高

図表3-4　ニートの世帯類型況別・学歴別「個人収入なし」および「社会保障給付受給」者の割合　　　　単位：％

	「個人収入なし」の割合					社会保障給付受給割合				
	中学卒	高校卒	専門・短大・高専卒	大学・大学院卒	合計	中学卒	高校卒	専門・短大・高専卒	大学・大学院卒	合計
男性・無業で求職(active)											
親等と同居	79.2	66.5	64.0	70.4	69.0	3.1	6.7	8.2	5.4	6.1
単身世帯	17.4	44.4	26.1	25.6	31.7	13.0	16.7	21.7	2.6	12.9
世帯主夫婦	20.0	17.9	18.2	14.3	17.5	30.0	17.9	27.3	28.6	23.8
男性・無業で非求職(active)											
親等と同居	84.5	77.5	80.0	82.3	79.9	5.4	14.1	5.0	4.0	10.1
単身世帯	14.0	15.0	－	44.4	15.5	76.2	78.1	－	5.6	74.1
世帯主夫婦	－	－	－	－	44.4	－	－	－	－	16.7
男性・日本型ニート											
親等と同居	83.3	75.7	81.3	81.1	78.7	8.4	16.2	4.4	4.6	11.7
単身世帯	9.9	15.1	47.4	25.0	14.6	76.7	80.4	31.6	25.0	74.9
女性・無業で求職(active)											
親等と同居	74.6	68.2	60.0	58.0	65.1	6.2	7.7	8.0	9.9	8.0
単身世帯	45.5	23.4	26.1	17.2	28.0	12.1	12.8	13.0	10.3	12.1
世帯主夫婦	80.6	73.9	67.6	55.0	69.5	11.3	9.1	14.6	22.0	13.1
ひとり親世帯	7.7	12.5	14.3	－	11.1	46.2	37.5	28.6	－	38.9
女性・無業で非求職(inactive)											
親等と同居	83.7	79.9	74.9	71.8	78.9	6.6	7.9	4.7	5.7	6.9
単身世帯	28.6	23.5	37.5	38.9	26.9	60.7	53.6	4.2	5.6	48.9
世帯主夫婦	88.2	86.9	83.0	84.2	85.4	1.3	1.9	3.4	4.7	2.8
ひとり親世帯	23.5	40.0	－	－	33.3	41.2	28.0	－	－	33.3
女性・日本型ニート											
親等と同居	79.2	76.7	74.4	79.6	77.1	12.7	12.9	8.2	5.3	11.2
単身世帯	17.5	19.7	45.2	44.4	22.8	74.5	58.7	23.8	11.1	57.4
ひとり親世帯	15.6	35.4	21.4	－	26.8	37.5	35.4	21.4	－	34.0

注：「その他世帯」はおよび男性の「ひとり親世帯」については掲載を省いた。

等教育卒業者の場合は、「社会保障給付」を受けている者は少なく、「収入なし」が多い。「単身世帯」では障害年金や遺族年金が支えになっているケースが多いことが推測されたが、それは主に低学歴でニート状態にある人たちであったということであろう。高学歴層の場合は社会保障給付の対象にあまりなっていない。

　一方、最も人数の多い「親等と同居」の場合、全般に「収入なし」が多く、その割合には学歴による違いはあまりみられない。学歴差が現れるのは、おそらく彼らを支える世帯のほうの収入水準であろう。そこで、次の**図表 3-5** では個人収入がなく、親等と同居しているニートに限って、本人の学歴別に、その属する世帯の年収をみた。平均世帯年収の値を見ると、求職型も非求職型もまた日本型ニートにおいても、本人の学歴が低いほど世帯年収は低い傾向がある。「年収200万円未満」の世帯の割合も掲載したが、いずれも中学卒の場合その割合は高い。求職型の場合は高校卒でも年収が低い世帯がやや多い。親等に生計は支えられているといっても、低学歴ニートでは、その家計は厳しいことがうかがわれる。

　社会保障給付を受けていることが多い「単身世帯」や「ひとり親世帯」

図表 3-5　個人収入がない「親等と同居」のニートの属する世帯の学歴別世帯年収額

		男性 平均世帯年収(万円)	男性 年収200万円未満世帯の割合(%)	男性 N	女性 平均世帯年収(万円)	女性 年収200万円未満世帯の割合(%)	女性 N
無業で求職 (active) (15〜29歳)	中学卒	442.4	27.1	299	468.4	19.8	192
	高校卒	534.1	14.7	730	575.2	13.0	663
	専門・短大・高専卒	636.9	7.5	268	650.7	8.8	341
	大学・大学院卒	710.3	7.3	479	765.0	5.1	214
	合計	581.7	13.7	1,776	607.7	11.7	1,410
無業で非求職 (inactive) (15〜29歳)	中学卒	475.7	21.3	381	494.2	13.7	371
	高校卒	589.5	11.9	852	661.1	7.5	1,072
	専門・短大・高専卒	580.3	12.5	128	695.2	8.1	346
	大学・大学院卒	749.0	12.1	198	863.8	5.6	160
	合計	581.2	14.2	1,559	652.0	8.6	1,949
日本型ニート (15〜34歳)	中学卒	451.2	22.0	499	440.2	17.1	340
	高校卒	557.6	13.5	1,091	571.1	11.3	933
	専門・短大・高専卒	539.0	13.7	204	585.3	12.0	324
	大学・大学院卒	668.3	11.6	293	748.7	8.9	191
	合計	545.9	15.3	2,087	567.7	12.2	1,788

注：世帯年収の設問は「100万円未満」から「2000万円以上」まで14段階の金額幅を区切った選択肢となっている。ここでは、それぞれの選択肢の中央値をその値として平均値を求めた（ただし、100万円未満については50万円、2000万円以上については2000万円とした）。

図表 3-6　個人収入がある「単身世帯」、「ひとり親世帯」ニートの学歴別世帯年収額

		男性 平均世帯年収(万円)	男性 年収100万円未満世帯の割合(%)	男性 N	女性 平均世帯年収(万円)	女性 年収100万円未満世帯の割合(%)	女性 N
無業で求職 (active) (15～29歳)	中学卒	76.3	84.2	19	107.1	64.3	28
	高校卒	111.5	61.5	26	103.2	59.6	47
	専門・短大・高専卒	97.1	64.7	17	127.3	45.5	22
	大学・大学院卒	98.3	72.4	29	145.5	50.0	22
	合計	97.3	70.3	91	116.4	56.3	119
無業で非求職 (inactive) (15～29歳)	中学卒	69.3	86.0	114	74.6	84.1	69
	高校卒	65.5	91.4	232	64.4	87.9	132
	専門・短大・高専卒	−	−	5	126.9	69.2	13
	大学・大学院卒	−	−	9	83.3	75.0	12
	合計	68.1	88.6	360	72.1	85.0	226
日本型ニート (15～34歳)	中学卒	66.5	86.6	224	66.7	86.2	138
	高校卒	58.7	93.5	355	72.2	87.0	215
	専門・短大・高専卒	−	−	6	90.0	76.7	30
	大学・大学院卒	117.9	60.7	28	87.5	68.8	16
	合計	64.4	89.4	613	72.2	85.2	399

注：平均世帯年収については、図表 3-5 の注に同じ。

についても、低学歴であることで、違いがあるかどうかを確認する。**図表 3-6** は個人収入があるこれらの世帯について、本人の学歴別にその世帯年収額をみた。年収額は全般に低い。年収 100 万円未満の世帯の割合を併せて掲載しているが、非求職型ニートおよび日本型ニートでは、8～9 割の世帯が年収 100 万円未満である。何らかの社会保障給付を受けている人が多いのだが、ぎりぎりの支えというところである。高学歴者の場合も年収水準は低い。

ただ、非求職型ニートや日本型ニートでは、そもそもこれらの世帯に該当する高学歴者が少ない。「単身世帯」や「ひとり親世帯」の非求職型のニートはそのほとんどが中学卒か高校卒学歴である。

第 4 節　親の就業、収入、学歴

次に、親の収入と学歴の影響を考える。そのためにここでは、15～29 歳（日本型ニートにおいては 15～34 歳）であって世帯内で「子」である者のデータに、世帯主、あるいはその配偶者がいればそのデータも接続して分析に用いる。

まず、親が就業者であるか否かをみる。OECDの議論では、無業世帯（世帯内に就業者のいない世帯）に暮らすことのリスクが注目されていたが、これに近いものとして「父母のいずれも給与収入も事業収入も得ていない」という変数を作成し、ニートの場合にこの値が高いのか、さらに、低学歴ニートで特に高いのかをみる。また、これを補完するものとして世帯主の社会保障給付受給の有無も取り上げる。ただし、父母は老齢年金を受給している可能性があり、老齢年金は低収入世帯の可能性を示唆する指標としては適切ではないと思われるのでこれを除き、「雇用保険」と「その他の給付」のいずれかの受給があるかに限ることとする。

図表3-7がその結果だが、①は子がニートではない場合との比較である。父母のいずれも就業収入がない割合は、非ニートの場合は男女とも

図表3-7　ニートの親の就業収入および社会保障給付受給状況

①ニートと非ニートとの比較

	男性 父母のいずれも給与収入・事業収入なし(%)	男性 世帯主が年金以外の社会保障給付受給(%)	N	女性 父母のいずれも給与収入・事業収入なし(%)	女性 世帯主が年金以外の社会保障給付受給(%)	N
ニート(15〜29歳)	10.3	3.4	4,014	9.6	3.2	3,541
無業で求職(active)	9.0	2.8	2,258	9.0	3.3	1,834
無業で非求職(inactive)	12.0	4.1	1,756	10.2	3.0	1,707
非ニート(15〜29歳)	4.4	1.8	44,140	4.4	1.8	43,450
就業	5.8	1.7	23,020	6.0	1.8	23,680
無業で就学	2.8	1.9	21,120	2.5	1.7	19,770
日本型ニート(15〜34歳)	15.9	3.9	2,422	15.2	3.0	2,146

②ニートの学歴別

		男性 父母のいずれも給与収入・事業収入なし(%)	男性 世帯主が年金以外の社会保障給付受給(%)	N	女性 父母のいずれも給与収入・事業収入なし(%)	女性 世帯主が年金以外の社会保障給付受給(%)	N
無業で求職 (active) (15〜29歳)	中学卒	17.0	4.7	317	15.3	9.3	216
	高校卒	8.0	3.2	963	8.3	3.5	795
	専門・短大・高専卒	6.1	1.7	359	7.3	1.0	491
	大学・大学院卒	8.4	1.8	608	8.9	1.8	325
無業で非求職 (inactive) (15〜29歳)	中学卒	13.8	6.4	405	12.8	5.1	352
	高校卒	10.7	3.8	972	8.8	3.0	887
	専門・短大・高専卒	16.7	2.2	138	10.6	1.8	284
	大学・大学院卒	9.6	2.3	218	9.8	1.2	164
日本型ニート (15〜34歳)	中学卒	18.1	5.9	542	18.2	5.5	402
	高校卒	14.6	4.0	1,297	13.2	2.9	1,106
	専門・短大・高専卒	18.6	2.2	226	19.2	1.6	385
	大学・大学院卒	15.5	1.5	330	13.0	1.7	230

4.4％であるが、ニートの場合は男性10.3％、女性9.6％（求職型ニートは男女とも9.0％、非求職型ニートではそれぞれ12.0％、10.0％）と高い。日本型ニートならさらに高い。無業世帯に暮らす割合は、非ニートに比べてニートは高い。

　ただし、先に見たEUデータに比べればその差は小さい。ここでは父母と暮らすニートに限っており、EU諸国のデータとはそもそも対象とする範囲が異なっており、単純な比較はできないが、単身世帯のニートをここに加えたとしても、EU諸国平均のニートの37.4％という数値には及ばない。我が国のニートで無業世帯に暮らす者の割合は国際的には小さいといえるだろう。

　図表3-7②はニートについて学歴別に分けて同じ数字を見たものである。求職型の男女では、無業世帯に暮らす比率に学歴差があるのは明らかで、中学卒が格段に高い。一方非求職型や日本型ニートでは、大きな差がないか、あるいは専門・短大・高専卒のほうが高い場合もある。

　世帯主の社会保障給付の受給状況をみると、こちらは低学歴層のほうが高い。非求職型および日本型ニートが親と暮らしている場合、1割程度は無業世帯であるが、そのうち社会保障給付の受給世帯となるようなケースについては子どもの学歴が低い傾向があるということだろう。無業世帯にも多様な世帯が混在している。

　次に親の学歴が関係しているかを見る。**図表3-8**に示したのは、父母それぞれについて、学校修了までの教育年数（例えば中学卒業なら9年）と中学卒業までの学歴の人の割合である。①でニートと非ニートを比較する。教育年数を見ると、男性も女性も、また父母いずれの学歴についてもニートの親は非ニートの親より教育年数は短い。また、父母が中学卒業までの学歴の人の割合についても同様にニートの親の方が中学卒業までの学歴の人が多い。日本型ニートについては、さらに中学卒までの学歴の父母の割合は大きい。

　Carcillo, S. et al（2015）では、ニートと非ニートの親の学歴をISCED[6]

---

[6] 国際標準教育分類（International Standard Classification of Education）。就学前教育のレベル0から大学院博士課程程度のレベル6までの教育レベルを表わす。

図表3-8 ニートの親の学歴

①ニートと非ニートの比較

<table>
<tr><th colspan="2"></th><th colspan="3">父親</th><th colspan="3">母親</th></tr>
<tr><th colspan="2"></th><th>教育年数
(年)</th><th>中学卒業まで
の比率(%)</th><th>N</th><th>教育年数
(年)</th><th>中学卒業までの
比率(%)</th><th>N</th></tr>
<tr><td rowspan="5">男性</td><td>ニート(15〜29歳)</td><td>12.9</td><td>14.2</td><td>3,257</td><td>12.6</td><td>9.5</td><td>3754</td></tr>
<tr><td>　無業で求職(active)</td><td>12.8</td><td>14.0</td><td>1,848</td><td>12.5</td><td>9.3</td><td>2,117</td></tr>
<tr><td>　無業で非求職(inactive)</td><td>13.0</td><td>14.5</td><td>1,409</td><td>12.7</td><td>9.8</td><td>1,637</td></tr>
<tr><td>非ニート(15〜29歳)</td><td>13.2</td><td>9.6</td><td>37,935</td><td>12.8</td><td>5.6</td><td>42033</td></tr>
<tr><td>　就業
　無業で就学</td><td>12.7
13.6</td><td>13.4
5.5</td><td>19,617
18,318</td><td>12.5
13.1</td><td>7.9
3.1</td><td>21,700
20,333</td></tr>
<tr><td rowspan="5">女性</td><td>ニート(15〜29歳)</td><td>12.7</td><td>15.7</td><td>2,867</td><td>12.5</td><td>10.5</td><td>3304</td></tr>
<tr><td>　無業で求職(active)</td><td>12.7</td><td>15.2</td><td>1,470</td><td>12.5</td><td>9.8</td><td>1,716</td></tr>
<tr><td>　無業で非求職(inactive)</td><td>12.8</td><td>16.2</td><td>1,397</td><td>12.5</td><td>11.3</td><td>1,588</td></tr>
<tr><td>非ニート(15〜29歳)</td><td>12.9</td><td>8.3</td><td>37,201</td><td>12.8</td><td>5.0</td><td>41,744</td></tr>
<tr><td>　就業
　無業で就学</td><td>13.0
13.6</td><td>10.6
5.5</td><td>20,143
17,058</td><td>12.7
13.1</td><td>6.6
3.2</td><td>22,640
19,104</td></tr>
<tr><td rowspan="2">日本型ニート
(15〜34歳)</td><td>男性</td><td>12.8</td><td>17.2</td><td>1,979</td><td>12.5</td><td>12.1</td><td>2,265</td></tr>
<tr><td>女性</td><td>12.7</td><td>18.3</td><td>1,756</td><td>12.4</td><td>13.5</td><td>1,992</td></tr>
</table>

②ニートの学歴別

a. 男性

<table>
<tr><th colspan="2" rowspan="2"></th><th rowspan="2">本人学歴</th><th colspan="3">父親</th><th colspan="3">母親</th></tr>
<tr><th>教育年数
(年)</th><th>中学卒業まで
の比率(%)</th><th>N</th><th>教育年数
(年)</th><th>中学卒業まで
の比率(%)</th><th>N</th></tr>
<tr><td colspan="2" rowspan="4">無業で求職
(active)
(15〜29歳)</td><td>中学卒</td><td>11.7</td><td>29.9</td><td>214</td><td>11.7</td><td>21.4</td><td>290</td></tr>
<tr><td>高校卒</td><td>12.3</td><td>15.9</td><td>794</td><td>12.2</td><td>10.8</td><td>893</td></tr>
<tr><td>専門・短大・高専卒</td><td>12.8</td><td>11.0</td><td>301</td><td>12.5</td><td>6.7</td><td>344</td></tr>
<tr><td>大学・大学院卒</td><td>13.8</td><td>6.2</td><td>532</td><td>13.2</td><td>2.6</td><td>585</td></tr>
<tr><td colspan="2" rowspan="4">無業で非求
職
(inactive)
(15〜29歳)</td><td>中学卒</td><td>12.2</td><td>25.0</td><td>296</td><td>12.1</td><td>18.1</td><td>371</td></tr>
<tr><td>高校卒</td><td>13.0</td><td>13.8</td><td>792</td><td>12.7</td><td>7.7</td><td>920</td></tr>
<tr><td>専門・短大・高専卒</td><td>12.8</td><td>12.4</td><td>113</td><td>12.5</td><td>10.9</td><td>129</td></tr>
<tr><td>大学・大学院卒</td><td>14.2</td><td>2.6</td><td>193</td><td>13.5</td><td>3.9</td><td>204</td></tr>
<tr><td colspan="2" rowspan="4">日本型ニート
(15〜34歳)</td><td>中学卒</td><td>12.0</td><td>28.1</td><td>406</td><td>11.9</td><td>21.3</td><td>497</td></tr>
<tr><td>高校卒</td><td>12.8</td><td>16.9</td><td>1,068</td><td>12.5</td><td>10.7</td><td>1,230</td></tr>
<tr><td>専門・短大・高専卒</td><td>12.6</td><td>13.5</td><td>192</td><td>12.4</td><td>10.4</td><td>211</td></tr>
<tr><td>大学・大学院卒</td><td>13.9</td><td>5.1</td><td>293</td><td>13.4</td><td>3.6</td><td>309</td></tr>
</table>

b. 女性

<table>
<tr><th colspan="2" rowspan="2"></th><th rowspan="2">本人学歴</th><th colspan="3">父親</th><th colspan="3">母親</th></tr>
<tr><th>教育年数
(年)</th><th>中学卒業まで
の比率(%)</th><th>N</th><th>教育年数
(年)</th><th>中学卒業まで
の比率(%)</th><th>N</th></tr>
<tr><td colspan="2" rowspan="4">無業で求職
(active)
(15〜29歳)</td><td>中学卒</td><td>11.7</td><td>33.3</td><td>132</td><td>11.7</td><td>21.9</td><td>192</td></tr>
<tr><td>高校卒</td><td>12.2</td><td>18.5</td><td>617</td><td>12.1</td><td>12.7</td><td>743</td></tr>
<tr><td>専門・短大・高専卒</td><td>12.9</td><td>10.0</td><td>431</td><td>12.7</td><td>5.8</td><td>463</td></tr>
<tr><td>大学・大学院卒</td><td>13.9</td><td>7.0</td><td>286</td><td>13.4</td><td>1.6</td><td>314</td></tr>
<tr><td colspan="2" rowspan="4">無業で非求
職
(inactive)
(15〜29歳)</td><td>中学卒</td><td>11.6</td><td>33.1</td><td>266</td><td>11.7</td><td>24.4</td><td>320</td></tr>
<tr><td>高校卒</td><td>12.8</td><td>13.5</td><td>727</td><td>12.4</td><td>9.4</td><td>830</td></tr>
<tr><td>専門・短大・高専卒</td><td>13.1</td><td>11.1</td><td>244</td><td>12.7</td><td>5.6</td><td>266</td></tr>
<tr><td>大学・大学院卒</td><td>14.3</td><td>4.1</td><td>147</td><td>13.6</td><td>1.9</td><td>160</td></tr>
<tr><td colspan="2" rowspan="4">日本型ニート
(15〜34歳)</td><td>中学卒</td><td>11.6</td><td>35.5</td><td>307</td><td>11.8</td><td>26.4</td><td>364</td></tr>
<tr><td>高校卒</td><td>12.6</td><td>17.2</td><td>903</td><td>12.4</td><td>12.5</td><td>1,034</td></tr>
<tr><td>専門・短大・高専卒</td><td>13.0</td><td>11.9</td><td>327</td><td>12.5</td><td>8.7</td><td>355</td></tr>
<tr><td>大学・大学院卒</td><td>14.2</td><td>5.4</td><td>203</td><td>13.4</td><td>2.3</td><td>222</td></tr>
</table>

の点数で比較している。ISCED では学歴段階を 0 － 6 点の 7 段階の点数としているが、ニートの親と非ニートの親ではこの点数の差が OECD 平均で 0.4 ポイント程度であるとしている。ここでは、教育年数で考えているが、その幅は中学卒の 9 年から大学院卒の 18 年までの 10 段階である。**図表 3-8** ①では、この数値でおよそ 0.2 ～ 0.3 の差があることがわかる。ここから、OECD 諸国平均より、親の学歴の差は小さいといえるだろう。

次に、②でのニートのうちの本人の学歴による違いをみると、本人学歴が低い場合の親の教育年数は明らかに短く、また中学卒業までの学歴の人も多い。低学歴のニートと親の学歴との間の関係は明らかである。

OECD 諸国平均と比べると、日本のニートには高学歴の者が多いのだが、そのなかの低学歴層に注目すれば、親の学歴や収入状況、無業世帯に暮らしている割合など、国際的な議論で指摘されている背景要因が同様に認められることが確認された。

第 5 節　まとめ

ニートに関する国際的な議論では、景気回復があっても労働市場において周辺化されたり取り残されたりしやすい存在として、低学歴のニートに関心が注がれていた。わが国ではニート問題に比較的早くから取り組んできたが、最も非活動的な若者に絞った独自の定義で対象を把握してきたこともあり、国際的な文脈に沿った議論はあまり活発ではなかった。そうした経過の中で、低学歴層のニート問題についてはその背景や問題の重要性、あるいは支援の必要性の認識が社会的に共有されてきたとはいいがたいところがある[7]。

本稿では、国際的な議論に準じたニート定義を用い、特に低学歴ニートに注目して、彼らが暮らす世帯や親の学歴などについて、OECD などでの議論に沿った形でデータ分析を試みた。その結果、OECD 諸国の平均的な水準と比較すると、我が国のニートには高学歴の者がかなり多いことが確

---

[7] 過去には、地域若者サポートステーション事業において着手された学校と連携した在学生に対する支援にかかわる事業が廃止されるなどの事態もあった。

認された。また、ニートの9割前後が親など（女性の場合には夫も含めて）と暮らし、うち7～9割については本人は無収入であった。その割合の学歴による差は小さいが、その属する世帯の世帯収入は本人が低学歴である場合は低く、低学歴ニートが特に低い年収の世帯で暮らしていることが明らかになった。低学歴ニートが特に貧困のリスクにさらされているという点は国際的に指摘されている傾向である。また、ひとり暮らしやひとり親として子を持つ非求職型のニートの場合、大半が低学歴者であり、主な収入が社会保障給付であることが少なくない。その収入水準はぎりぎりの生活を支える程度だといえる。

　15～29歳の若者と同居する父母について、父母のいずれにも就業収入がないケースは、非ニートの子どもがいる場合に比べて、ニートの子どもがいる場合に多い。また、父母の学歴もニートの子どもがいる場合のほうが低い。その差の程度は、OECD諸国の平均より小さい。しかし、ニートである子どもの学歴による差は大きく、低学歴でニートになっている場合は父母が無就業や低学歴である割合が明らかに高い。

　我が国では、低学歴ニートは相対的には少ないが、その経済的困窮の程度が特に高いことは間違いないところであろう。Carcillo, S. et al(2015) は、困難度の高いニートに注目して各国の政策を検討し、若年が利用可能な所得補助の施策や就業の前提となる基本的なスキル（認知的なスキルおよび非認知的なスキル）を向上させるための教育プログラム、あるいはメンター介在の重要性を指摘している。困難度の高い層は景気回復下でも労働市場の外に置いていかれがちなことを考えれば、景気回復下で失業率が改善される中でこそ、彼らに焦点を当てた政策が重要になる。

　こうした困難度の高い層への支援は時間を要する。近年、地域若者サポートステーション事業が法的に根拠づけられたことで継続的な支援の実施が期待される。一方で福祉事務所設置自治体が支援主体となる生活困窮者自立支援制度も立ち上がったところであるが、低学歴のニートやその属する世帯は、福祉政策からの面からも支援が必要であろう。労働と福祉の両面から、それぞれに効果的な施策を模索する状態ではないかと思われるが、支援者同士が相互の文脈を理解して連携した支援を行うことが望ま

る。

　なお、ニートをどう定義し把握するかという点では、対象者を絞った日本型の定義は、求職活動をしていない若い女性に、家庭内での役割を重視する価値観からその選択をしている人が少なくないと考えれば、政策検討のためには有効な定義ではないかと思われる。ただし、除外の条件は「家事をしている」ではなく「専業主婦である」としたほうが的確であろう。

参考文献

伊藤伸介，2015，「家庭環境から見た若者の就業と生活行動に関する実証分析－社会生活基本調査の匿名データを利用して－」『中央大学経済研究所年報』第 47 号，pp.337-371.

厚生労働省，2004，『平成 16 年版　労働経済の分析』.

小杉礼子編著，2005，『フリーターとニート』勁草書房.

宮本みち子，2005，「家庭環境から見る」小杉礼子編著『フリーターとニート』勁草書房.

労働政策研究・研修機構，2005，『若者就業支援の現状と課題─イギリスにおける支援の展開と日本の若者の実態分析から─』労働政策研究報告書 No.35.

労働政策研究・研修機構，2009，『若年者の就業状況・キャリア・職業能力開発の現状－平成 19 年版「就業構造基本調査」特別集計より－』JILPT 資料シリーズ No.61.

労働政策研究・研修機構，2014，『若年者の就業状況・キャリア・職業能力開発の現状②－平成 24 年版「就業構造基本調査』より』JILPT 資料シリーズ No.144.

Carcillo, S. et al. 2015, "NEET Youth in the Aftermath of the Crisis: Challenges and Policies", *OECD Social, Employment and Migration Working Papers*, No.164, OECD Publishing, Paris, http://dx.doi.org/10.1787/5js6363503f6-en.

ILO, 2012, *Global Employment Trends for Youth 2012*, http://www.ilo.org/wcmsp5/groups/public/---dgreports/---dcomm/

documents/publication/wcms_180976.pdf.

OECD, 2009, *Employment Outlook*, OECD Publishing, http://www.oecd-ilibrary.org/employment/oecd-employment-outlook-2009_empl_outlook-2009-en;jsessionid=628tu54tkr8a3.x-oecd-live-03.

OECD, 2010, *Off to a Good Start? Jobs for Youth*, OECD Publishing, http://dx.doi.org/10.1787/9789264096127-en.
（同名の各国別報告書が作成されており、日本に関しての報告書は、濱口桂一郎監訳・中島ゆり訳，2010，『日本の若者と雇用―OECD若者雇用レビュー：日本』明石書店）

OECD, 2011, *Employment Outlook*, OECD Publishing, http://www.oecd-ilibrary.org/employment/oecd-employment-outlook-2011_empl_outlook-2011-en;jsessionid=628tu54tkr8a3.x-oecd-live-03.

OECD, 2016, *Employment Outlook*, OECD Publishing, http://www.oecd-ilibrary.org/employment/oecd-employment-outlook_19991266.

第 4 章　新卒採用正社員の早期転職希望の背景

岩脇　千裕

第 1 節　はじめに

　今日のわが国では、若年者の職場への定着を支援することが重要な政策課題となっている[1]。その背景にはわが国特有の「新卒一括採用システム」の硬直的な特徴がある。同システムの下では若年者の正社員への雇用機会が新卒時に集中するため、新卒時に就職できなかった場合だけでなく、新卒時に正社員になれた場合も中途採用市場で評価されるだけの経験を得ないまま早期に離職すると、安定した仕事に再度就くことは困難である。離職後に無業や非典型雇用の状態が長く続けば、若者の能力開発や職業経歴、生活全般に負の影響が生じる。雇用主にとっても、新卒採用した若者が早期に離職すると、採用活動や初期の教育訓練の費用が無駄になるだけでなく、安定的・計画的な事業運営の妨げにもなるため大きな損失である。

　離職要因を探る先行研究としては、わが国では 1990 年代後半から 2000 年代にかけて「労働市場の世代効果」の検証が進められてきた（玄田 1997、太田 1999、黒澤・玄田 2001）。これは、年齢、性別、学歴が同一な世代の就業状況は、就職活動時の労働市場が縮小している場合や競争相手の人口が多い場合に悪化するという、労働市場の需要側と供給側の両者を包含する社会経済的な状況に要因を求める仮説である。これに対して 2010 年代からは、若者を使い捨てる企業の存在が社会問題化したことを背景に、労働市場の需要側による雇用管理のあり方が若年者の離職・転職傾向に及ぼす影響を検証する研究が登場し始めている（尾形 2015、小林他 2014、労働政策研究・研修機構 2016）。本章は後者の立場にたち、新卒者として就職した若者が早期に転職を希望する背景を明らかにする。その際、キャリア形成環境の安定性に対する雇用主と若者本人の認識のズレに着目したい。

---

[1]　平成 26 年度にはハローワークによる新卒者・若年層の職場定着支援の取組が始まり、翌年 10 月には「青少年の雇用の促進等に関する法律（若者雇用促進法）」が施行され、同法に基づき若者の雇用機会の確保及び職場定着に関する新たな指針が適用された。

上記の目的のために本章では、厚生労働省の「平成25年若年者雇用実態調査（以下「本調査」と略す）」の個票データを二次分析する。本調査は日本標準産業分類（平成19年11月改定）に基づく16大産業に属する全国の従業員5名以上の事業所と、左記の事業所で就業する15～34歳の若年労働者[2]を対象とする全国調査であり、事業所による若者の募集・採用状況や雇用管理、それらの事業所で働く若者の属性やキャリア形成状況を把握できる。本章では本調査の事業所調査のデータと、個人調査のデータに事業所調査のデータを紐つけした「統合データ」を適宜分析に用いる。統合データ使用時には、個人調査の回答者のうち、最終学歴の学校を卒業後に新卒者[3]として調査対象事業所へ就職し勤続期間が3年未満の15～29歳の非在学正社員2,220人（男性1,271人、女性949人）を「新卒3年未満正社員」と定義して分析対象とする。以上の手続きにより結果的に学歴が中学卒の人が全て除かれたため、実際には18～29歳の高校卒以上の学歴の若者を分析対象とすることになる。学歴の内訳は、高校393人、専修学校（専門課程）・短期大学・高等専門学校（以下「短大等」）273人、大学・大学院（以下「大学・院」）1,554人である。

　また本章では早期離職傾向の指標として以下の手続きにより算出した「早期転職希望率」を用いる。まず、新卒3年未満正社員のうち「今後、定年前に転職したいと思いますか」という設問に「思っている」と答えた人を「転職希望者」、その中でも「いつ頃に転職したいと考えていますか」という設問に「29歳以下」と答えた人を「早期転職希望者」と定義する。さらに新卒3年未満正社員に占める早期転職希望者の割合を「早期転職希望率」と定義する[4]。

　先行研究では、新卒就職後「3年以内」の離職が若者のキャリア形成に

---

[2] 本調査は、産業・事業所規模別の層化抽出による事業所調査を行った後、有効回答を得られた事業所に勤務する労働者を対象に、産業、事業所規模、就業形態（正社員／正社員以外の労働者）別の層化抽出を行い、個人調査を実施している。したがって本調査の分析結果は、ウエイト付けをしない状態では、日本で働く若年労働者全体の状況を正しく反映できない。しかし本章では若者のキャリア形成と事業所による雇用管理状況との関連を詳細に検討することを優先するため、ウエイト付けを行わないことにした。

[3] 「最終学歴の学校を卒業してから1年間の主な状況」として「正社員として勤務した」と回答し、かつ「現在の会社で正社員になった経緯」として「学校を卒業して1年以内に正社員として現在の会社に勤務した」と答えた者を「新卒者として就職した」とみなした。

不利益をもたらすと指摘されてきた[5]。また労働行政の領域でも、厚生労働省が新卒者の「3年以内離職率」を毎年算出し、動向を定期観測している[6]。この「3年以内離職率」は、ある年に新卒者として就職した若者全体に占める、就職時から3年以内に離職した人の割合であり、就職後ごく短期間に実際に離職した新卒者とその勤務先事業所の特徴をとらえるのに適している。これに対して本章が早期離職傾向の指標とする「早期転職希望率」は、新卒時に就職してから調査時点まで勤続している若者に占める、29歳以下での転職を希望する者の割合である。この「早期転職希望率」は調査設計上、分母から「調査時点までに離職した若者」が除かれているため、就職後ごく短期間に実際に離職する新卒者の傾向は、実際よりも低めに反映される[7]。本章での「転職希望率」に関する分析結果を考察する際には以上の点に留意する必要がある。

第2節　転職希望者の基本的な特徴

1．性別・学歴と転職希望率

　本節では、新卒3年未満正社員の早期転職希望率が、本人や勤務先の

---

[4] 比較対象は「定年前に転職したいと思いますか」という設問に「思っていない」または「分からない」と答えた人と、同設問に「思っている」と答えかつ「いつ頃に転職したいと考えていますか」という設問に「30歳～39歳」「40～49歳」「50歳以上」「未定」のいずれかを答えた人及び「不詳」だった人である。転職希望時期について「不詳」も分析に含めた理由は、定年前の転職希望をもちながらも転職時期は答えない・答えられないこと自体に転職に対する意思の曖昧さが表れていると判断したためである。したがって本章の分析は「29歳以下」という近い将来の転職希望を明確に持つ人の特徴をそれ以外の人々と比較することになる。なお本章で新卒3年未満正社員及びその勤務先の特徴によって「早期転職希望率が異なる」と言及するのは、統計的手法（χ二乗検定）によってその違いが偶然ではないと95％以上の水準で言える場合（表中に「*」を表示）に限定している。

[5] 「3年以内」という目安の適切さを実証した研究としては、前田他（2010）が家計経済研究所の『消費生活に関するパネル調査』のデータを分析した結果がある。同研究によると、新卒時に常勤職に就いても2～3年以内に常勤職以外の状態になると、その後の就業状態は新卒時に常勤職になかった者と変わらない。

[6] 厚生労働省の報道発表資料「新卒者の離職状況」では、事業所からハローワークに対して、雇用保険の加入届が提出された新規被保険者資格取得者の生年月日、資格取得加入日等、資格取得理由から学歴ごとに新規学校卒業者と推定される就職者数を算出し、更にその離職日から離職者数・離職率を算出している。

[7] ただし新卒3年未満正社員の勤続期間は当然3年以内（1年未満37.9％、1年～2年未満32.7％、2年～3年未満29.3％）なので、彼・彼女らが調査実施後間もなく離職し、3年以内離職者になる可能性はある。

属性によってどう異なるのかをみていく。新卒者の就職先の産業や職種の分布が学歴・性別ごとに異なることは「雇用動向調査」や「学校基本調査」等の政府統計から明らかである。また、新卒者の労働市場は学歴ごとに分かれている傾向があり、採用後の雇用管理も性別や学歴と関連が深い職種やコースごとに行われる場合が多い。また「早期転職希望率」は新卒3年未満正社員のうち「29歳以下」での転職を希望する人の割合なので、年齢が高い高学歴者ほど調査時点から29歳までの期間が短いことが、早期転職希望率に影響を及ぼす可能性がある。したがって以下では性別・学歴を軸に分析を進める。

図表4-1へ新卒3年未満正社員の転職希望と転職希望時期の分布、および早期転職希望率を個人属性（性・学歴）ごとに示した[8]。まず、新卒3年未満正社員の早期転職希望率は全体では15.1%だが、男性12.0%、

図表4-1　新卒3年未満正社員の転職希望・転職希望時期の分布、および早期転職希望率（性・学歴別）

単位：%，太字は実数

		今後、定年前に転職したいと思いますか。						思っていない	わからない	不詳	N
		思っている									
		29歳以下 早期転職希望率	30歳以上	未定	不詳	N					
男性	高校卒	76.7　9.9	6.7	6.7	10.0	**30**	12.9	43.5	42.7	0.9	**232**
	短大等卒	44.1　14.4	20.6	11.8	23.5	**34**	32.7	35.6	31.7		**104**
	大学・院卒	50.2　12.3	28.4	7.4	14.0	**229**	24.5	36.1	39.0	0.3	**935**
	学歴計	52.2　12.0	25.3	7.8	14.7	**293**	23.1	37.5	39.1	0.4	**1,271**
女性	高校卒	69.1　23.6	5.5	10.9	14.5	**55**	34.2	28.0	37.3	0.6	**161**
	短大等卒	64.7　19.5	11.8		23.5	**51**	30.2	24.3	45.6		**169**
	大学・院卒	66.3　18.1	13.0	4.1	16.6	**169**	27.3	30.4	41.8	0.5	**619**
	学歴計	66.5　19.3	11.3	4.7	17.5	**275**	29.0	28.9	41.7	0.4	**949**
男女計	高校卒	71.8　15.5	5.9	9.4	12.9	**85**	21.6	37.2	40.5	0.8	**393**
	短大等卒	56.5　17.6	15.3	4.7	23.5	**85**	31.1	28.6	40.3		**273**
	大学・院卒	57.0　14.6	21.9	6.0	15.1	**398**	25.6	33.8	40.2	0.4	**1,554**
	学歴計	59.2　15.1	18.5	6.3	16.0	**568**	25.6	33.8	40.2	0.4	**2,220**

※早期転職希望率＝「29歳以下」での転職希望者の数÷「新卒3年未満正社員」の数
※単位（%）Nは実数（強調で示した）

---

[8] 本章の分析対象者は新卒時に就職して3年未満の人であるため、特定の学歴と特定の年齢層とが連動する。年齢の効果は学歴の効果とほぼ同一（高校卒は18〜24歳が99.5%、短大等卒は20〜24歳卒が90.5%、大学・院卒は20〜29歳が100%を占める）なので、年齢についての分析は割愛する。

女性19.3％と女性の方が大きい。この傾向はどの学歴でも変わらない。

次に、早期転職希望率を学歴間で比較すると、男女とも統計的には差があるとはいえない。しかし算出過程を遡ると、早期転職希望率が意味する内容は男性では学歴ごとに異なる。まず、女性は新卒3年未満正社員に占める転職したいと「思っている」人の割合がどの学歴でも3割前後で、かつ転職希望者の転職希望時期はどの学歴も29歳以下に集中する[9]。これらの早期転職希望率を算出する過程で用いる二つの指標がともに学歴差を示さないため早期転職希望率にも学歴差が生じない。一方、男性は定年前に転職したいと「思っている」人の割合が高校12.9％、短大等32.7％、大学・院24.5％と学歴間で大きな差がある。そして転職希望者の転職希望時期の分布も、29歳以下の割合は高校76.7％、短大等44.1％、大学・院50.2％と学歴間で大きな差があり、短大等では不詳（23.5％）と未定（11.8％）が多い。すなわち、男性は新卒3年未満正社員に占める転職希望者の割合が低い学歴ほど転職希望者に占める早期転職希望者の割合が高く、二つの指標が相殺し合った結果、早期転職希望率に学歴差が生じなくなったのだと考えられる。

2．勤務先事業所の規模・産業・職種と早期転職希望率

次に、勤務先の属性について検討する。従業員規模は、事業所規模・企業規模ともに男性の勤務先の方がより規模が大きい。また、女性の事業所規模、男女の企業規模において高学歴になるほど勤務先の規模が大きい傾向がみられる。

以上をふまえて勤務先の属性と早期転職希望率との関係をみていこう（図表4-2①，4-2②）。早期転職希望率と従業員規模との関連をみると、男性の学歴計では事業所規模・企業規模ともに有意差がみられ、いずれも1000人以上で早期転職希望率が著しく低い。学歴別にみると大学・院卒でのみ有意差があり学歴計と同様の傾向が確認できる。一方、女性

---

[9] 転職希望時期の分布は、男性は29歳以下52.2％、30～39歳22.5％、40歳以上2.7％、未定7.8％、不詳14.7％。女性は29歳以下66.5％、30～39歳10.9％、40歳以上0.4％、未定4.7％、不詳17.5％である。女性の転職希望時期が男性より早いというこの傾向は学歴を統制しても同様にみられる。

図表 4-2 ① 男性新卒 3 年未満正社員の勤務先規模・産業別早期転職希望率（学歴別）

		高校卒			短大等卒			大学・院卒			学歴計		
		%	N	p	%	N	p	%	N	p	%	N	p
男性全体		9.9	232		14.4	104		12.3	935		12.0	1,271	
事業所規模	1,000人以上	2.6	39		15.4	13		6.1	164		6.0	216	
	100〜999人	12.6	87		17.4	46		13.9	404	*	14.0	537	**
	5〜99人	10.4	106		11.1	45		13.4	367		12.5	518	
企業規模	1,000人以上	9.6	136		14.9	47		8.4	569		9.0	752	
	100〜999人	13.2	53		14.7	34		18.8	292	***	17.7	379	***
	5〜99人	7.0	43		13.0	23		16.2	74		12.9	140	
産業	鉱業, 砕石業, 砂利採取業	7.4	27			4		7.1	28		6.8	59	
	建設業	11.1	18		—	3		10.0	80		10.9	101	
	製造業	8.6	93		5.9	17		11.1	189		10.0	299	
	電気・ガス・熱供給・水道業	7.1	28		21.4	14		2.1	95		5.1	137	
	情報通信業					8		15.2	33		12.2	41	
	運輸業, 郵便業		16		—	1		9.1	44		8.2	61	
	卸売業		3			2		15.7	51		17.9	56	
	小売業		1			6		20.0	20		14.8	27	
	金融業・保険業							11.5	61		11.5	61	
	不動産業・物品賃貸業	—	2			2		25.7	35	***	25.6	39	***
	学術研究, 専門・技術サービス業	—	6		—	10		6.3	80		8.3	96	
	宿泊業, 飲食サービス業		4		—			16.7	12		13.6	22	
	生活関連サービス業, 娯楽業		2			5		40.0	15		27.3	22	
	教育, 学習支援業	9.1	11		—	7		16.2	68		16.3	86	
	医療, 福祉		3		8.3	12		9.8	61		9.2	76	
	複合サービス事業	36.4	11		—	2		25.5	47		26.7	60	
	サービス業（他に分類されないもの）		7					18.8	16		21.4	28	

***p＜.001 **p＜.01 *p＜.05
※早期転職希望者が 0 名のセルは空白とし、早期転職希望者が 1 名以上でかつ N が 10 以下の場合は「—」を示した
※検定時にはケース数 10 以下の産業を分析対象から除いた

は学歴計でも学歴を統制しても事業所規模ごとの早期転職希望率には有意差がないが、企業規模では高校卒、大学・院卒、学歴計で、勤務先の企業規模が小さいほど早期転職希望率が高い傾向が見られた。企業規模でより明確な差が現れたのは、新卒採用した正社員の雇用管理は企業単位で人事部門が一括して行う場合が多いためだろう。

次に、産業について検討する。男性は製造業や電気・ガス、女性は医

第 4 章：新卒採用正社員の早期転職希望の背景

図表 4-2 ②　女性新卒 3 年未満正社員の勤務先規模・産業別早期転職希望率（学歴別）

		高校卒 %	高校卒 N	高校卒 p	短大等卒 %	短大等卒 N	短大等卒 p	大学・院卒 %	大学・院卒 N	大学・院卒 p	学歴計 %	学歴計 N	学歴計 p
女性全体		23.6	161		19.5	169		18.1	619		19.3	949	
事業所規模	1,000人以上	26.3	19		19.1	47		17.1	146		18.4	212	
	100～999人	17.2	64		27.5	51		14.7	251		16.9	366	
	5～99人	28.2	78		14.1	71		22.5	222		22.1	371	
企業規模	1,000人以上	13.6	59		18.5	81		15.1	364		15.5	504	
	100～999人	25.4	67	*	25.5	51		19.5	200	**	21.7	318	**
	5～99人	37.1	35		13.5	37		32.7	55		28.3	127	
産業	鉱業, 砕石業, 砂利採取業		2						2			4	
	建設業	―	2		―	2		8.3	24		14.3	28	
	製造業	13.0	54		7.1	14		12.8	86		12.3	154	
	電気・ガス・熱供給・水道業	7.1	14			7		10.0	20		7.3	41	
	情報通信業							27.8	18		26.1	23	
	運輸業, 郵便業		3			3		10.5	19		16.0	25	
	卸売業	―	5		―	3		20.6	34		23.8	42	
	小売業		8			7		28.0	25		20.0	40	
	金融業・保険業	―	5		―	5		13.8	65		16.0	75	
	不動産業・物品賃貸業	―	4	*	―	6		20.6	34	*	25.0	44	**
	学術研究, 専門・技術サービス業	―	4		―	3		12.1	33		10.0	40	
	宿泊業, 飲食サービス業				―	10		35.7	14		42.4	33	
	生活関連サービス業, 娯楽業	―	5		―	8		27.3	11		25.0	24	
	教育, 学習支援業	―	5		21.7	23		8.9	90		11.9	118	
	医療, 福祉	―	1		17.5	63		28.0	75		23.7	139	
	複合サービス事業	37.1	35			5		29.0	62		30.4	102	
	サービス業（他に分類されないもの）	―	5		―	5		―	7		23.5	17	

***p＜.001 **p＜.01 *p＜.05
※早期転職希望者が 0 名のセルは空白とし、早期転職希望者が 1 名以上でかつ N が 10 以下の場合は「―」を示した
※検定時にはケース数 10 以下の産業を分析対象から除いた

　療・福祉や複合サービス事業に勤務する傾向が高く、男女とも高校卒は製造業、短大等卒は医療・福祉産業で働く人が他の学歴より多い。
　これをふまえて産業ごとの早期転職希望率を比較すると、男女とも学歴計において有意差がみられた。11 以上のケースが得られた産業について詳細をみていこう。新卒 3 年未満正社員全体の値より早期転職希望率が 10 ポイント以上高い産業は、男女の複合サービス事業[10]（男性 26.7

85

図表4-2 ③　新卒3年未満正社員の職種別早期転職希望率（性・学歴別）

	高校卒			短大等卒			大学・院卒			学歴計		
	%	N	p	%	N	p	%	N	p	%	N	p
男性全体	9.9	232		14.4	104		12.3	935		12.0	1,271	
管理的な仕事		5		―	3		7.4	27		8.6	35	
専門的・技術的な仕事	12.0	50		12.3	57		9.2	272		10.0	379	
事務的な仕事	9.1	33		26.3	19		10.5	389		11.1	441	
販売の仕事	―	9			2		18.3	120		19.1	131	
サービスの仕事		7			7		25.6	43		19.3	57	
保安の仕事	―	8						3	*	18.2	11	
生産工程の仕事	6.2	81			9		14.3	35		8.0	125	
輸送・機械運転の仕事		13		―	4		6.7	15		9.4	32	
建設・採掘の仕事	23.5	17			1		15.4	13		19.4	31	
運搬・清掃・包装等の仕事		5			1			10		18.8	16	
その他の仕事		2					―	6			8	
女性全体	23.6	161		19.5	169		18.1	619		19.3	949	
管理的な仕事	―	1						6		―	7	
専門的・技術的な仕事		6		17.8	90		18.5	168		17.8	264	
事務的な仕事	21.5	107		19.1	47		15.5	367		17.1	521	
販売の仕事	―	10		―	8		28.9	38		26.8	56	
サービスの仕事	42.9	14		33.3	21		26.7	30		32.3	65	*
生産工程の仕事	22.7	22			2			6		23.3	30	
建設・採掘の仕事								1			1	
運搬・清掃・包装等の仕事												
その他の仕事					1			2			3	

***p＜.001 **p＜.01 *p＜.05
※早期転職希望者が0名のセルは空白とし、早期転職希望者が1名以上でかつNが10以下の場合は「―」を示した
※女性は全学歴で回答がない保安の仕事、輸送・機械運転の仕事を表示していない
※検定時には「無回答」「その他の仕事」およびケース数10以下の職種を除いた

%、女性30.4％）、男性の不動産業・物品賃貸業（25.6％）、生活関連サービス業，娯楽業（27.3％）、女性の宿泊業，飲食サービス業（42.4％）である。反対に早期転職希望率が比較的低い産業は、男女の電気・ガス・熱供給・水道業、男性の鉱業・砕石業・砂利採取業、女性の学術研究・専門・技術サービス業である。

　産業は種類が多く学歴別に集計すると一産業あたりのケース数が大幅に減少する。そこでケース数が11ケース以上の産業に限定して検定を行った。すると、男性では大学・院卒でのみ、女性は高校卒と大学・院

---

[10] 複合サービス事業の大半は郵便局である。

卒で有意差がみられた。早期転職希望率が産業全体での値より大幅に高い産業をみると、大学・院卒では男女とも学歴計とほぼ同様の傾向がみられ、女性は更に小売業（28.0％）や医療・福祉（28.0％）でも比較的高い早期転職希望率を示した。高校卒の女性では複合サービス事業（郵便局・協同組合等）の早期転職希望率が、産業計の値より14ポイント高い。

　最後に、職種について検討する。男性は生産工程、女性は事務の仕事に就いている傾向が高い。また、学歴間で職種の分布を比較すると、高校卒では、男性は建設・採掘、女性は事務と生産工程の仕事が多い。短大等卒では、男性は専門・技術、女性は専門・技術とサービスが多い。大学・院卒では、男性は事務の仕事が多く、女性は学歴計とほぼ同様の分布を示す。

　以上をふまえて職種ごとの早期転職希望率を11以上のケースが得られた職種についてみていこう。学歴計でみると女性のみ有意差が見られ、サービスの仕事の早期転職希望率が全職種の値より13ポイント高い。職種は性・学歴によって偏りがあるため、ケース数が11以上の職種に限定して、職種によって早期転職希望率が異なると統計的にもいえるかどうか、性・学歴ごとに集計・検定を行った。すると男性の大学・院卒でのみ有意差がみられ、早期転職希望率はサービスの仕事（25.6％）で高く、輸送・機械運転の仕事（6.7％）でやや低い。

3．小括──個人属性・勤務先属性と早期転職希望との関係

　新卒3年未満正社員の個人属性と早期転職希望率との関係は次のように考察できる。まず、女性は学歴に関わらず転職希望者が男性より多く、男性より29歳以下での転職を希望する傾向が高い。これは結婚・出産等により転職を余儀なくされる未来を予期して回答する人が多く、家族形成に伴う転職の可能性は学歴にかかわらず想定されるためだろう。一方、男性は学歴によって転職に対する考え方が異なる。定年までの転職希望者が少ない高校卒では転職希望時期が早く、定年までの転職希望者が多い短大卒等では転職希望時期が遅い人や曖昧な回答が多いこ

とから、高校卒男性は早期転職を望む層とそもそも転職を希望しない層に二極化しているのに対し、短大等卒男性は転職希望者が多い一方でその大半は長期的展望での転職や漠然とした転職願望を持つ者であると考えられる。大学・院卒の男性は両者の中間に位置する。

次に勤務先の属性との関係を考察する。まず、男女とも大企業や電気・ガス・熱供給・水道業で早期転職希望率が低いのは、これらの大型組織では経営状態が比較的安定しており、体系的な組織構造を備えているため、若者の長期雇用を促す良好な労働条件や職場環境の充実、能力開発の体制を整えることが比較的容易なためだろう[11]。また、学術研究・専門・技術サービス業で女性の早期転職希望率が低いのは、大学院卒に限定した採用を行う場合が多いためであろう[12]。

一方、新卒就職後3年経たないうちに20代での転職を願う人が多いのは、男女とも主に個人顧客にサービスを提供する産業や労働集約産業、サービス職である。さらに女性は5〜99人の小企業で、男性は1000人未満の組織で多い。これらの産業や中小企業では若年正社員に「定年までの勤続を期待しない」、あるいは「期待する勤続期間が職種や個々の労働者によって異なる」「長期的育成を行わない」「労働時間が長い」「賃金が低い人が多い」「自己都合退職する若年正社員が多い」といった傾向があることが、本章と同じ調査データを分析した先行研究によって明らかにされている[13]。したがって、新卒者に早期の転職希望を抱かせる要因は、組織規模や産業、職種そのものではなく、これらの勤務先の属性と関連が深い雇用管理のあり方に根本的な原因があるのかもしれない。そこで次節では、勤務先事業所の雇用管理のあり方と新卒3年未満正社員の早期転職希望率との関係を検討しよう。

---

[11] 本調査回答事業所の企業規模1000人以上の割合は38.6％だが、電気・ガス・熱供給・水道業では70.9％にのぼる（労働政策研究・研修機構2016、章末付表1-1）。

[12] 同産業は若年正社員に占める大学院修了者の割合が突出して高い（本調査の個人調査に回答した若年正社員全体では男性8.8％、女性3.4％、学術・研究・専門・技術サービス業勤務者では男性31.3％、女性14.1％）。高い専門性が必要な分野では、労働者も雇用主も互いに狭い範囲でマッチングを行わねばならず、転職や採用活動のやり直しは容易ではない。また大学院卒の女性は年齢が相対的に高いため、転職を近い将来に希望していても転職希望時期は30歳以上になりやすく、結果的に早期転職希望率が低くなる。

[13] 労働政策研究・研修機構（2016）章末付表3-1 ①、3-2 ①、3-3、3-6 ①②、3-7 ①②。

第4章：新卒採用正社員の早期転職希望の背景

第3節　勤務先事業所の雇用管理ごとの早期転職希望率

　早期転職希望率に影響を及ぼす可能性がある雇用管理として、本節では労働条件（労働時間・賃金）とキャリア形成環境（勤務先が新卒採用した若年正社員に期待する勤続期間、人材育成方針・方法）に着目する。

1．労働条件

　図表 4-3 は、早期転職希望者とその他の新卒 3 年未満正社員との間で、週あたりの実労働時間[14]（平成 25 年 9 月最終週）と月額賃金[15]（平成 25 年 9 月支払）の平均値に差があるといえるか、性・学歴別に確かめた結果である[16]。さらに月額賃金（**図表 4-4**）と週あたりの実労働時間（**図表 4-5**）の分布を、早期転職希望者とその他の新卒 3 年未満正社員とに分けてグラフに示した[17]。

　まず、月額賃金の平均は早期転職希望に関わらず、女性より男性で高く、男女とも大学・院卒は他の学歴より高い。早期転職希望者の平均賃金が他の新卒 3 年未満正社員より有意に低い傾向は、男女の学歴計と短大等卒、男性の大学・院卒でみられる。短大等卒で差が大きく、男性は約 2.9 万円、女性は約 2.6 万円の差がある。特に男性は、賃金分布のグ

---

[14] 平成 25 年 9 月最終週の実労働時間。早出、残業、臨時の呼び出し、休日出勤等の時間を含む。算出時には不詳と平成 25 年 9 月最終週に「働いていなかった」人を分析から除き、残りの選択肢は中央値を連続変数とした（「20 時間未満」＝17.5、「20 ～ 25 時間未満」＝22.5、「25 ～ 30 時間未満」＝27.5、「30 ～ 35 時間未満」＝32.5、「35 ～ 40 時間未満」＝37.5、「40 ～ 45 時間未満」＝42.5、「45 ～ 50 時間未満」＝47.5、「50 ～ 60 時間未満」＝55、「60 時間以上」＝65）。

[15] 平成 25 年 9 月に支払われた、残業手当、休日手当、精皆勤手当等の諸手当を含み、税金・社会保険料が控除される前の総支給額（特別に支給される賞与・一時金、特別手当を除く）。「支給がない」人（給与算定期間より後に採用された人等）を分析から除き、残りの選択肢は中央値を連続変数として算出した（「5 万円未満」＝ 2.5、「5 万円以上 10 万円未満」＝ 7.5、「10 万円以上 15 万円未満」＝ 12.5、「15 万円以上 20 万円未満」＝ 17.5、「20 万円以上 25 万円未満」＝ 22.5、「25 万円以上 30 万円未満」＝ 27.5、「30 万円以上 35 万円未満」＝ 32.5、「35 万円以上」＝37.5）。

[16] 対応のないグループ間の差の検定を行い、平均値に差があると統計的にいえる場合、早期転職希望者の値に印（*）をつけた。

[17] 早期転職希望者とその他の新卒 3 年未満正社員との間で、賃金・労働時間の分布に統計的に意味があるといえるかカイ二乗検定を行い、結果をグラフ上に示した。

図表 4-3　新卒 3 年未満正社員の週あたりの実労働時間と月額賃金の平均値（性・学歴・早期転職希望別）

			月額賃金(万円)			週実労働時間		
		早期転職希望	あり	なし	全体	あり	なし	全体
男性	高校卒	平均値	17.7	17.6	17.6	44.1	42.6	42.8
		標準偏差	6.48	4.84	5.00	11.37	8.02	8.40
		N	23	206	231	23	206	231
	短大等卒	平均値	*17.5	20.4	20.0	45.7	44.8	45.0
		標準偏差	5.00	4.12	4.35	6.65	9.52	9.14
		N	15	89	104	15	89	104
	大学・院卒	平均値	**21.8	23.1	23.0	***49.3	45.3	45.8
		標準偏差	5.03	4.85	4.91	9.34	8.54	8.74
		N	114	816	933	115	816	934
	学歴計	平均値	**20.7	21.9	21.7	***48.2	44.8	45.2
		標準偏差	5.53	5.26	5.31	9.61	8.59	8.78
		N	152	1,111	1,268	153	1,111	1,269
女性	高校卒	平均値	16.6	16.0	16.1	44.1	42.0	42.6
		標準偏差	5.87	4.80	5.05	8.08	7.75	7.89
		N	37	119	157	38	121	160
	短大等卒	平均値	**16.7	19.3	18.8	43.6	44.5	44.4
		標準偏差	3.83	6.04	5.76	6.42	8.70	8.32
		N	32	136	168	30	133	163
	大学・院卒	平均値	20.0	20.9	20.7	44.8	43.9	44.1
		標準偏差	5.37	4.46	4.66	8.60	8.24	8.29
		N	112	503	618	111	499	613
	学歴計	平均値	**18.7	19.8	19.6	44.4	43.7	43.9
		標準偏差	5.46	5.13	5.22	8.14	8.27	8.24
		N	181	758	943	179	753	936

***p＜.001 **p＜.01 *p＜.05
※早期転職希望：「あり」＝早期転職希望者、「なし」＝その他の新卒 3 年未満正社員

ラフをみるとピークが 5 万円分ずれている[18]。一方、大学・院卒の女性は、平均賃金には有意差がみられないが、賃金分布のグラフを見ると、早期転職希望者は賃金が極端に低い人と高い人に分かれる傾向がややみられる。

[18] なお、短大等卒には専修学校（専門課程）と、短期大学・高等専門学校とが含まれており、男性では両者の月額賃金に差がある（専修 19.1 万円 N＝61、短大高専 21.3 万円 N＝43）が、両者の新卒 3 年未満正社員の早期転職希望率には差がない（専修 14.8％ N＝61、短大高専 14.0％ N＝43）ため、短大等卒について早期転職希望者とその他の人の賃金のピークに差がある要因を、専修学校卒と短大・高専卒の賃金差に求めることはできないと考えられる。

図表 4-4　新卒 3 年未満正社員の月額賃金（性・学歴・早期転職希望別）

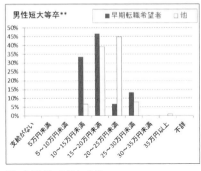 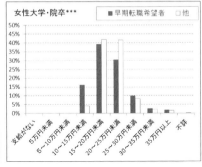

***p＜.001 **p＜.01 *p＜.05

図表 4-5　新卒 3 年未満正社員の週あたりの実労働時間（性・早期転職希望別）

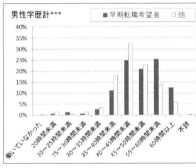 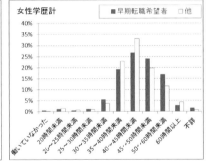

***p＜.001 **p＜.01 *p＜.05

　次に、週実労働時間の平均は男女とも全ての学歴で早期転職希望の有無にかかわらず、法定労働時間よりやや長い 40 時間以上 50 時間未満の範囲にある。早期転職希望者の平均週実労働時間が他の新卒 3 年未満正社員より有意に長い傾向がみられたのは、男性の学歴計と大学・院卒である。分布図をみると、男性は 50 時間以上の長時間労働者の割合に大きな差があり、学歴計では早期転職希望者 37.9％、その他の新卒 3 年未満正社員 19.6％、大学・院卒では 43.5％と 21.1％と 2 倍以上の開きがある。一方、女性は早期転職希望の有無によって平均労働時間の分布に有意な違いはみられない。

2. 勤務先事業所におけるキャリア形成環境

　次に、勤務先のキャリア形成環境、すなわち新卒採用した若年正社員に期待する勤続期間や人材育成方針・方法と早期転職希望率との関係を探索しよう。本調査に回答した事業所全体の新卒採用した正社員に対する雇用管理状況をみると（労働政策研究・研修機構2016、第3章）、期待する勤続期間は「定年まで」が73.7％、育成方針は「長期的な教育訓練等で人材を育成」が66.9％を占め、育成方法（複数回答）は「OJT（業務遂行の過程内において行う教育訓練）」が80.4％の実施率を示す[19]。新卒採用した正社員に対しては、多くの事業所が長期勤続を期待し、OJTを中心とする長期的な教育訓練で育成している。そして、定年までの勤続を期待する事業所ほど長期育成方針をとる傾向がある[20]。

　以上をふまえて図表4-6①，4-6②をみていこう。まず、勤務先が新卒採用した若年正社員に期待する勤続期間ごとの早期転職希望率を学歴計でみると、男女とも有意差がみられ、「定年未満」すなわち、若年正社員が定年を迎える前に離転職することを想定して雇用管理を行っている事業所で働いている場合に最も高い。そして、男性は「職種や個々の労働者によって違う」場合で、女性は「定年まで」で最も低くなる[21]。こうした傾向が学歴別にみても確認できるかどうか確かめたいが、分析対象者を学歴によって分割すると「職種や個々の労働者によって違う」の該当ケースがごく僅かになるため分析できない。そこで「定年未満」と「職種や個々の労働者によって違う」を統合して、勤務先事業所が「定年まで」の勤続を期待しているか否かによって早期転職希望率に有意差

---

[19] 本調査の事業所調査の分析結果によれば、新卒採用した若年正社員がいる事業所が彼・彼女らに各育成方法を実施している割合は、「OJT」80.4％「OFF-JT（業務遂行の過程外において行う教育訓練）」54.5％「自己啓発への支援」54.3％「ジョブローテーション」40.9％である。

[20] 事業所が期待する勤続期間ごとの「長期的な教育訓練等で人材を育成」と答えた割合は、「定年まで」73.7％、「10年以上」60.5％、「10年未満」52.6％、「職種や個々の労働者によって違う」61.0％であった。

[21] 「職種や個々の労働者によって違う」場合に男性では早期転職希望率が低く、女性では高くなる背景として二通りの解釈が可能である。第一に、期待する勤続期間が職種・労働者によって違うと答えた事業所は長期勤続を、男性（に多い職種等）には期待し、女性（に多い職種等）には期待しないため、女性の早期転職希望率が高くなるのかもしれない。第二に、個々の働きぶりによって処遇を変える実力主義の雇用管理を、男性は好み長期勤続するが、女性は好まず転職を希望するのかもしれない。

があるといえるか確かめた。男性は、前述のとおり期待する勤続期間が「職種や個々の労働者によって違う」場合に早期転職希望率が最も低く「定年未満」の場合に最も高いため、両者を統合すると互いの傾向が相殺し合って「定年まで」との間に有意差がみられなくなる。一方、女性は学歴計および高校卒、大学・院卒において、「定年まで」の勤続を期待する事業所で働いていると、「定年未満」または「職種や個々の労働者によって違う」事業所で働く場合より、早期転職希望率が有意に低くなる。

次に、新卒採用した若年正社員に対する主な育成方針と早期転職希望率との関連を確かめた。学歴計の結果をみると、女性は有意差がみられなかった。男性は「長期的な教育訓練等で人材を育成（以下「長期育成」と略す）」する事業所で早期転職希望率が低く、「特別な研修等は行わず社員自身に任せる（以下「放任」と略す）」事業所で高い傾向が見られた。さて、男女とも学歴別に分析対象者を分けると「放任」のケース数がごく僅かになるため上記と同じ分析はできない。そこで「短期的に研修等で人材を育成（以下「短期促成」と略す）と「放任」を統合して、勤務先が「長期育成」方針をとっているか否かによって早期転職希望率が異なると統計的にいえるか確かめた。その結果、女性は全く有意差がみられなかったが、男性は学歴計のほか大学・院卒において、「長期育成」方針をとる場合に早期転職希望率が低い傾向がみられた[22]。

最後に、新卒採用した若年正社員に対する4種類の育成方法について、実施している場合と実施していない場合の早期転職希望率に違いがあると統計的にいえるのか確認した。その結果、男女の学歴計および大学・院卒、男性の高校卒において「自己啓発への支援」を実施している場合に、女性の大学・院卒において「ジョブローテーション」を実施している場合に、これらを実施してない場合と比べて早期転職希望率が低

---

[22] 男性新卒3年未満正社員の勤務先事業所が新卒採用した若年正社員に「長期育成」方針をとる割合を学歴別に算出すると、高校卒79.0%、短大等卒69.7%、大学・院卒78.0%と学歴差はみられなかった（N.S.）。なお女性は高校卒65.6%、短大等卒61.5%、大学・院卒77.7%と大学・院卒で高い（p＜.001）。

図表 4-6 ①　勤務先の期待する勤続期間・人材育成方針・育成方法、若者の望ましい と思うコース別新卒 3 年未満正社員の早期転職希望率（男性、学歴別）

		高校卒 %	N	p	短大等卒 %	N	p	大学・院卒 %	N	p	学歴計 %	N	p
男性全体		9.9	232		14.4	104		12.3	935		12.0	1,271	
期待する 勤続期間	定年未満	15.4	13		31.3	16		19.1	94		20.3	123	
	定年まで	10.1	198		13.0	69		11.9	730		11.6	997	
	職種・労働者 によって違う	−	8			10		9.5	74		8.7	92	
主な 育成方針	長期的な 教育訓練等	9.4	181		15.9	69		11.2	725		11.2	975	
	短期的研修等	12.0	25					17.5	120	*	16.5	164	*
	研修等行わず 社員自身に任せる	−	5			3		30.8	13		28.6	21	
	その他		2			1			11			14	
育成方法 (MA)	OFF-JT	10.7	140		12.3	65		11.0	634		11.1	839	
	OJT	9.9	202		14.1	85		11.9	830		11.7	1,117	
	ジョブローテーション	13.6	103		15.4	39		10.2	491		11.1	633	
	自己啓発支援	7.1	140	*	11.1	54		10.0	632	**	9.6	826	***
望ましい と思う コース	1つの会社に 長く勤める	4.7	191		10.8	74		4.9	680		5.3	945	
	いくつかの会社を 経験または独立	40.7	27	***	24.1	29		33.2	238	***	33.0	294	***
	その他	−	10			1		21.4	14		24.0	25	

***p＜.001 **p＜.01 *p＜.05
※各設問の選択肢の文言は略称を用いた（本文に原文あり）
※検定時には「無回答」と「その他」を除き、「主な育成方法」は「短期的研修等」と「研修等を行わず社員自身に任せる」を統合した。「期待する勤続期間」は「定年未満」と「職種・労働者によって違う」を統合した。
※早期転職希望者が 0 名のセルは空白とし、早期転職希望者が 1 名以上でかつ N が 10 以下の場合は「−」を示した

い傾向がみられた[23]。

3．小括──勤務先の雇用管理のあり方と早期転職希望の関係

　勤務先による雇用管理と新卒 3 年未満正社員の早期転職希望率との関係は次のようにまとめられる。まず労働条件は、大学・院卒男性は長時間労働と低賃金、短大等卒の男女は低賃金が早期転職希望を促す可能性が示唆された[24]。
　勤務先のキャリア形成環境については、勤務先が「定年まで」の勤続

---

[23] 勤務先事業所による各育成方法の実施の有無による大学・院卒女性の新卒 3 年未満正社員の早期転職希望率は「ジョブローテーション」実施 14.8％非実施 21.5％（p＜.05）、「自己啓発の支援」実施 15.2％非実施 23.8％（p＜.05）。

図表 4-6 ② 勤務先の期待する勤続期間・人材育成方針・育成方法、若者の望ましいと思うコース別新卒 3 年未満正社員の早期転職希望率（女性・学歴別）

		高校卒 %	N	p	短大等卒 %	N	p	大学・院卒 %	N	p	学歴計 %	N	p
女性全体		23.6	161		19.5	169		18.1	619		19.3	949	
期待する勤続期間	定年未満	37.9	29		16.9	59		30.1	83		26.9	171	
	定年まで	19.1	115	*	20.5	73		15.6	441	**	16.9	629	**
	職種・労働者によって違う	33.3	15		22.2	36		20.5	78		22.5	129	
主な育成方針	長期的な教育訓練等	23.8	105		23.1	104		16.3	480		18.4	689	
	短期的な研修等	28.9	38		14.6	41		22.4	85		22.0	164	
	研修等行わず社員自身に任せる		6			6		23.1	13		12.0	25	
	その他		2		―	4			4			10	
育成方法(MA)	OFF-JT	25.8	93		22.2	99		15.8	437		18.3	629	
	OJT	25.4	138		18.9	143		17.1	555		18.8	836	
	ジョブローテーション	21.6	74		24.7	73		14.8	351	*	17.3	498	
	自己啓発支援	21.3	94		21.3	89		15.2	433	*	17.0	616	*
望ましいと思うコース	1つの会社に長く勤める	17.7	124		11.7	120		12.1	481		13.0	725	
	いくつかの会社を経験または独立	39.3	28	*	40.5	42	***	41.5	118	***	41.0	188	***
	その他	―	8		―	7		27.8	18		33.3	33	

***p<.001 **p<.01 *p<.05
※各設問の選択肢の文言は略称を用いた（本文に原文あり）
※検定時には「無回答」と「その他」を除き、「主な育成方針」は「短期的研修」と「研修等行わず社員自身に任せる」を統合した。「期待する勤続期間」は「定年未満」と「職種・労働者によって違う」を統合した
※早期転職希望者が 0 名のセルは空白とし、早期転職希望者が 1 名以上でかつ N が 10 以下の場合は「―」を示した

を期待する場合は女性の、長期的な教育訓練等で人材育成を行う場合は男性の早期転職希望率が低下する傾向があり、学歴別にみると男性は大学・院卒、女性は高校卒と大学・院卒で上記の傾向がみられた。また、勤務先が新卒採用した若年正社員に「ジョブローテーション」や「自己啓発への支援」を実施している場合に早期転職希望率が低下する傾向が大学・院卒を中心にみられた。男女とも高校卒と大学・院卒において、

[24] また、大学・院卒女性の早期転職希望者で月額賃金が二極化したという分析結果（図表4-4）は、小企業や宿泊業・飲食サービス業で働くことが大学・院卒女性の早期転職希望に及ぼす影響を反映したものと考えられる。賃金は企業規模や産業ごとに相場が異なる。大学・院卒女性の月額賃金の分布を勤務先の企業規模・産業別に集計すると、女性の早期転職希望率が高い 5 ～ 99 人規模の小企業や宿泊業・飲食サービス業で低賃金層と高額賃金層に分かれた（大学・院卒女性の月額賃金が「10 ～ 15 万円未満」および「35 万円以上」である割合は、全体では 6.3％・1.6％であるのに対し、企業規模 5 ～ 99 人では 12.7％・3.6％、宿泊業・飲食サービス業では 14.3％・14.3％）。

勤務先が長期的な視野で雇用管理を行っている場合に、若者の立場から換言すればキャリア形成環境が安定している場合に、早期転職希望率が低いという点が共通している。

　それでは、若者自身は一つの会社等で長期的にキャリアを形成することをどう考えているのだろうか。新卒3年未満正社員の「将来の職業生活について望ましいと思うコース」は、「1つの会社に長く勤めるコース（以下「一社勤続型」）[25]」を選んだ人が75.2%（男性74.4%、女性76.4%）と多数派を形成している。とはいえ5人に1人は「いくつかの会社を経験または独立するコース（以下「転職・独立型」）[26]」を選んでいる（男女計21.7%、男性23.1%、女性19.8%）。それぞれの早期転職希望率（男女計・学歴計）は「一社勤続型」で8.6%、「転職・独立型」で36.1%と大きく異なることから、若者の理想とするキャリア形成のあり方は、実際の勤続／転職行動に影響を及ぼしていると推察される。

　新卒者の早期離職を問題視するまなざしや、職場定着支援政策の背後には、「雇用主は正社員に長期勤続を期待するものであり、若者も長期勤続を望んでいるはず」という前提がある。しかし本節でみてきたとおり、実際には全ての雇用主が正社員に定年までの勤続を期待したり長期的育成を行ったりするわけではないし、全ての若者が一つの会社で長期的にキャリアを形成することを望むわけでもない。若者と雇用主が共に長期勤続を前提にキャリア形成や雇用管理をしている場合、若者の早期転職は発生しにくいだろう。反対に、若者自身も雇用主も転職・独立を想定してキャリア形成や雇用管理をしている場合、早期の転職は発生しやすいだろうが、その多くは若者自身の前向きな意思によるものだろう。しかし、若者に定年までの勤続を期待しない事業所や長期育成を行わない事業所へ「一社勤続型」の若者が就職した場合や、定年までの勤続を期待する事業所や若者を長期育成する事業所に「転職・独立型」の

---

[25] 「1つの会社に長く勤め、だんだん管理的な地位になっていくコース」「1つの会社に長く勤め、ある仕事の専門家になるコース」「1つの会社で長く勤め、自分の生活に合わせた働き方が選択できるコース」のいずれか。
[26] 「いくつかの会社を経験して、だんだん管理的な地位になっていくコース」「いくつかの会社を経験して、ある仕事の専門家になるコース」「最初は雇われて働き、後に独立して仕事をするコース」のいずれか。

若者が就職した場合には、互いに対する期待が食い違う。こうした、キャリア形成環境の安定性に対する認識のズレが、若者が長期勤続を望みながらもやむを得ず離職する「不本意離職」の問題や、長期的視野で育ててきた若者が早々に辞めてしまう「職場定着問題」の一つの要因になっているのではないだろうか。そこで次節では、新卒採用した若年正社員に期待する勤続期間が「定年まで」であるか否か、主な育成方針が「長期育成」であるか否かを、「キャリア形成環境の安定性」の指標として、どのような若者において「キャリア形成環境の安定性に対する若者・勤務先間の認識のズレ」が発生しがちなのか探索する[27]。さらに、「早期転職希望者は、キャリア形成環境の安定性について勤務先と若者の間に認識のズレがある場合により多く発生する」という仮説を検証する。

第4節　キャリア形成環境の安定性に対する認識のズレと早期転職希望

1．キャリア形成環境の安定性に対する認識のズレが発生しがちな若者層

　図表4-7は、新卒3年未満正社員を、若者本人の「将来の職業生活について望ましいと思うコース」と、勤務先が新卒採用した正社員に期待する勤続期間と主な育成方針によって4類型し[28]、各類型が全体に占める割合を性・学歴ごとに示したものである。以下では、類型①（無装飾：勤務先は長期勤続を想定×若者は一社勤続型）、類型②（網掛：勤務先は長期勤続を想定せず×若者は一社勤続型）、類型③（強調：勤務先は長期勤続を想定×若者は転職・独立型）、類型④（斜体：勤務先は長期

---

[27] 本調査の事業所調査では「若年労働者へ期待する勤続期間」「若年労働者に対する育成方針」「若年労働者の育成方法」について、採用した若年労働者の就業形態（正社員／正社員以外の労働者）や採用枠組（新卒採用／中途採用）ごとに回答するよう設計されている。本章では本調査の個人調査と事業所調査のデータを統合し、分析対象とする若年労働者の就業形態・採用枠組に該当する従業員に対する勤務先事業所による回答を、分析対象とする若年労働者が経験している雇用管理と見なしている。したがって以下では「新卒採用した若年労働者」に対する「期待する勤続期間」「主な育成方針」「育成方法」との関連をみる。

[28] 「期待する勤続期間」は、「定年まで」と、「定年未満」および「労働者・職種等によって違う」とを比較。「主な育成方針」は、「長期育成」と、「短期促成」および「放任」とを比較。

図表4-7　勤務先と新卒3年未満正社員のキャリア形成環境の安定性に対する認識の組合せによる類型の分布（性・学歴別）

			望ましいコース				望ましいコース	
		期待する勤続期間	一社勤続型	転職・独立型		主な育成方針	一社勤続型	転職・独立型
男性	高校卒 (N=219)	定年まで 離職想定	74.4 7.3	11.4 *0.5*	高校卒 (N=229)	長期育成 短期放任他	64.2 11.4	9.6 *1.7*
	短大等卒 (N=95)	定年まで 離職想定	56.8 12.6	15.8 *13.7*	短大等卒 (N=99)	長期育成 短期放任他	51.5 14.1	18.2 *9.1*
	大学・院卒 (N=898)	定年まで 離職想定	59.8 12.1	19.9 *6.2*	大学・院卒 (N=929)	長期育成 短期放任他	56.6 11.3	19.8 *4.1*
	全学歴 (N=1,212)	定年まで 離職想定	62.2 11.3	18.1 *5.8*	全学歴 (N=1,257)	長期育成 短期放任他	57.6 11.5	17.8 *4.1*
女性	高校卒 (N=159)	定年まで 離職想定	60.4 17.0	10.1 *6.9*	高校卒 (N=160)	長期育成 短期放任他	52.5 19.4	10.6 *6.3*
	短大等卒 (N=168)	定年まで 離職想定	32.1 38.7	10.1 *14.9*	短大等卒 (N=169)	長期育成 短期放任他	44.4 20.7	14.2 *8.3*
	大学・院卒 (N=604)	定年まで 離職想定	59.3 18.4	11.6 *7.5*	大学・院卒 (N=618)	長期育成 短期放任他	62.8 11.7	12.9 *4.0*
	全学歴 (N=931)	定年まで 離職想定	54.6 21.8	11.1 *8.7*	全学歴 (N=947)	長期育成 短期放任他	57.8 14.6	12.8 *5.2*

※Nは各学歴の新卒3年未満正社会の総数から、回答者が新卒時に採用された正社員であるにも関わらず、勤務先事業所による「新卒採用した正社員に期待する勤続期間」「育成方針」への回答が「該当する労働者はいない」であった者を除いた数。若者自身の「将来の職業生活において望ましいと思うコース」が「不詳」「その他」である者、勤務先事業所の「期待する勤続期間」が「不詳」の者、「主な育成方針」が「その他」「不詳」の者を含むため、パーセンテージの合計は100%にはならない。

勤続を想定せず×若者は転職・独立型）と称する（括弧内に図表中の装飾を示した）。

　まずは、勤務先が期待する勤続期間と若者の望ましいと思うキャリアコースとの一致／不一致を確認する。短大等卒の女性を除き最も多い類型は、勤務先も若者自身も長期勤続を想定している類型①で、高校卒男性では7割を超える。反対に勤務先も若者も定年前の離転職・独立を想定している類型④（斜体）は、高校卒と大学・院卒では男女とも最も少なく、特に高校卒男性では0.5%しかいない。しかし、短大等卒では男女とも15%近くになる。一方、勤務先は定年までの勤続を期待していないが若者は一社勤続を望ましいと考える類型②（網掛）は女性に多く、短大等卒女性では4割近くを占める。反対に、勤務先は定年までの勤続を期待しているが、若者は転職・独立を伴うキャリア形成を望ましいと

第 4 章：新卒採用正社員の早期転職希望の背景

figure 4-8 勤務先と新卒 3 年未満正社員のキャリア形成環境の安定性に対する認識の組合せによる類型別早期転職希望率（性・学歴別）

①期待する勤続期間

	類型	望ましいコース	期待する勤続期間	高校卒 %	N	p	短大等卒 %	N	p	大学・院卒 %	N	p	全学歴 %	N	p
男性	①	一社勤続型	定年まで	4.9%	163		9.3%	54		4.8%	537		5.2%	754	
	②		離職想定	6.3%	16		16.7%	12		4.6%	109		5.8%	137	
	③	転職・独立型	定年まで	44.0%	25		26.7%	15		33.0%	179		33.8%	219	
	④		離職想定		1		23.1%	13		33.9%	56		31.4%	70	
		全体		9.8%	205		14.9%	94		12.4%	881		12.1%	1180	
女性	①	一社勤続型	定年まで	13.5%	96	*	13.0%	54		10.1%	358		11.0%	508	*
	②		離職想定	33.3%	27		10.8%	65		18.9%	111		18.2%	203	
	③	転職・独立型	定年まで	43.8%	16		41.2%	17		40.0%	70		40.8%	103	
	④		離職想定	36.4%	11		40.0%	25		44.4%	45		42.0%	81	
		全体		22.0%	150		19.3%	161		18.0%	584		18.9%	895	

②主な育成方針

	類型	望ましいコース	主な育成方針	高校卒 %	N	p	短大等卒 %	N	p	大学・院卒 %	N	p	全学歴 %	N	p
男性	①	一社勤続型	長期育成	4.1%	147		9.8%	51		4.9%	526		5.1%	724	
	②		短期放任他	7.7%	26		14.3%	14		4.8%	105		6.2%	145	
	③	転職・独立型	長期育成	36.4%	22		33.3%	18		28.8%	184	*	29.9%	224	*
	④		短期放任他	－	4		－	9		50.0%	38		45.1%	51	
		全体		9.5%	199		15.2%	92		12.1%	853		11.9%	1144	
女性	①	一社勤続型	長期育成	21.4%	84		13.3%	75		10.8%	388		12.8%	547	
	②		短期放任他	6.5%	46		8.6%	35		15.3%	72		11.6%	138	
	③	転職・独立型	長期育成	29.4%	17		50.0%	24		42.5%	80		42.1%	121	
	④		短期放任他	－	10		28.6%	14		32.0%	25		36.7%	49	
		全体		21.8%	142		19.6%	148		16.8%	565		18.1%	855	

***p＜.001 **p＜.01 *p＜.05
※網掛・強調・斜体の装飾は図表 7 と対応
※早期転職希望者が 0 名のセルは空白とし、早期転職希望者が 1 名以上でかつ N が 10 以下の場合は「－」を示した

考える類型③（強調）は男性に多く、特に大学・院卒男性では約 2 割を占める。

同様に、勤務先の主な育成方針との一致度合いを確認しよう。男女とも全学歴で最も多いのは、一社勤続型の若者が長期育成方針の事業所で働いている類型①で、高校卒の男性と大学・院卒の男女で特に多い。反対に男女とも全学歴で最も少ないのは、転職・独立型の若者が長期育成を行わない事業所で働いている類型④（斜体）で、高校卒男性ではわずか 1.7％である。ただし男女とも短大等卒では比較的多い。一方、一社

勤続型の若者が長期育成を行わない事業所で働いている類型②（網掛）は高校卒・短大等卒の女性に多く、男性は短大等卒で比較的多い。反対に、長期育成方針の事業所で転職・独立型の若者が働いている類型③（強調）は短大等卒や大学・院卒の男性に多い。

2．キャリア形成環境の安定性に対する認識のズレと早期転職希望

　それでは、雇用の安定性に対する若者・勤務先間の期待の一致／不一致によって、実際に早期転職率はどう異なるのだろうか。**図表4-8**は、新卒3年未満正社員をその望ましいと考えるコースによって「一社勤続型」と「転職・独立型」に二分した上で、それぞれの若者の早期転職希望率が、勤務先が新卒採用した若年正社員に期待する勤続期間が「定年まで」であるか否か、育成方針が「長期育成」であるか否かによってどう異なるのか確かめた結果である。

　まず、勤務先が新卒採用した若年正社員に期待する勤続期間についての類型をみていこう。一社勤続型の若者では、勤務先が定年までの勤続を期待しない場合（類型②）、期待する場合（類型①）と比べて早期転職希望率が高くなる傾向が、女性の高校卒、大学・院卒、学歴計でみられた。特に高校卒の女性では類型①と②の間に20ポイント近い差がある。これに対して転職・独立型の若者は、勤務先が定年までの勤続を期待した場合（類型③）も、期待しない場合（類型④）も、早期転職希望率に有意差がないという結果が、男女の全ての学歴で得られた。

　次に、勤務先の新卒採用した若年正社員に対する主な育成方針についての類型をみていこう。一社勤続型の若者が長期育成方針の事業所で働く場合（類型①）と短期的研修や若者自身の独学で能力開発を行う方針の事業所で働く場合（類型②）とでは、男女とも全ての学歴で早期転職希望率に有意差はみられない。一方、転職・独立型の若者が長期育成方針の事業所で働く場合（類型③）と短期的研修や若者自身の独学で能力開発を行う事業所で働く場合（類型④）とでは、前者の早期転職希望率が低い傾向が、大学・院卒および学歴計の男性でみられた。特に、大学・院卒男性では20ポイント以上の差がある。

以上より、前節で提起された仮説「早期転職希望者は、キャリア形成環境の安定性について勤務先と若者の間に認識のズレがある場合により多く発生する」は、女性の「勤続期間」の安定性に対する期待へ勤務先事業所が応えられない場合において検証されたといえる。

3．小括

本節の分析によって、新卒3年未満正社員とその勤務先とのキャリア形成環境の安定性をめぐる力関係は、性・学歴によって異なることが明らかになった。また、事業所による雇用管理のあり方次第で、若者が望ましいと考えるキャリア形成のあり方と反対の方向へ、早期転職希望が抑制／促進される可能性が示唆された。

本調査の回答事業所は高校卒や大学・院卒の男性に定年までの勤続を期待し、長期育成方針をとる傾向が高い。高校卒男性については若者側もその大半が一社勤続を望む「期待の一致（類型①）」が確認できた。しかし大学・院卒の男性は、勤務先の期待に反して転職・独立を望ましいと考える人が多いという「認識のズレ（類型③）」が発生しており、雇用主にとっての「職場定着不振」の問題が生じやすい状況にある。ただし、転職・独立型の大学・院卒男性が「長期育成方針」をとる事業所で働く場合、短期促成・放任型の事業所で働く場合よりも早期転職希望率が低くなる。この分析結果は、長期育成の実施が転職・独立型の価値観をもつ高学歴男性に、転職を思いとどまらせたり、転職実行時期を遅らせしめたりする可能性を示唆するものといえよう。

一方、女性においては、定年までの勤続を期待しない・長期育成を行わない事業所で一社勤続型の若者が働いているという「認識のズレ（類型②）」が男性より多く発生している。ただ、このタイプの認識のズレが最も多く発生してる短大等卒の女性は、こうした認識のズレがあるからといって早期転職希望率が高くなるわけではない。しかし高校卒や大学・院卒の一社勤続型の女性が定年までの勤続を期待しない事業所で働いていると、定年までの勤続を期待する事業所で働く場合よりも早期転職希望率が高くなる。この分析結果は、雇用主が新卒採用した高校卒や

大学・院卒の女性正社員を一時的な労働力として扱うことで、一つの会社等で長期的にキャリアを形成したいと考えていた若者までも「不本意離職」に至らしめている可能性を示唆するといえるだろう。

第5節　新卒3年未満正社員の早期転職希望の規定要因

1．ロジスティック回帰分析による分析方法

　前節で明らかにした、「キャリア形成環境の安定性」に対する若者と勤務先の認識のズレが早期転職希望に及ぼす影響は、本章が早期転職希望に影響力を持つことを明らかにしてきた他の要因の効果を考慮してもなお残るのだろうか。この問題を解明するために本節では、複数の要因による影響力を同時に検討できる「ロジスティック回帰分析」という手法を用いて、新卒3年未満正社員の早期転職希望を規定する要因を明らかにする。

　統計的手法に不慣れな読者のために先に結論を述べると、第4節で得られた結論は他の要因の効果を考慮しても同様に確認された。まず男性は、一社勤続型の若者が早期転職希望を抱く確率は勤務先が長期育成を行う場合も行わない場合も統計的には変わらないことが、高校卒と大学・院卒において明らかにされた。一方、転職・独立型の若者が早期転職希望を抱く確率は、勤務先が長期育成を行っている場合、行っていない場合より低くなることが、大学・院卒において明らかにされた。さらに自己啓発支援の実施が高校卒男性の転職希望を抑制させ、長時間労働・低賃金が大学・院卒男性の転職希望を促進する影響力をもつことも明らかにされた。女性については、一社勤続型の若者が早期転職希望を抱く確率は、短大等卒と大学・院卒では勤務先が定年までの勤続を期待する場合も期待しない場合も統計的には変わらないが、高校卒では勤務先が定年までの勤続を期待しない場合、期待する場合の4.65倍に増大することが明らかになった。さらに低賃金が短大等卒女性の早期転職希望を促進する影響力をもつことも明らかにされた。

　それでは、以下に分析結果の詳細を述べるが、関心のない方は以下を

読み飛ばして第 6 節へ移って頂いても構わない。分析対象は、男女の新卒 3 年未満正社員全体と、学歴（高校卒、短大等卒、大学・院卒）ごとに分けた場合との計 8 グループである。従属変数は「早期転職希望者」を 1、その他の新卒 3 年未満正社員を 0 とするダミー変数である。独立変数は前節までに検討してきた諸変数から以下を抜粋した[29]。事業所調査からは、企業規模[30]と産業[31]、新卒採用した若年正社員に期待する勤続期間[32]、育成方針[33]、主な育成方法（MA）[34]を用いる。また個人調査からは、月額賃金[35]、週あたり実労働時間[36]を用いる（職種は産業との多重共線性の問題を生じさせるため除いた）。さらに前節の**図表 4-7** で示した、キャリア形成環境の安定性に対する若者と勤務先の認識の組合せによる類型を、2 種類（期待する勤続期間・主な育成方針）ともダミー変数化して用いる[37]。これら 2 種類の類型は作成過程において上記の「期待する勤続期間」「育成方針」を用いているので、効果が重複することを防ぐために、期待する勤続期間についての類型[38]の効果を検討する「モデル 1」では「期待する勤続期間」を、主な育成方針についての類型[39]の効果を検討する「モデル 2」では「育成方針」を独立変数から除く。前節において、男性は育成方針、女性は定年までの勤続期待について、キャリア

---

[29] 全ての独立変数において「不詳」のケースを分析から除いた。
[30] 「5 〜 99 人＝1，他＝0」「100 〜 999 人＝1，他＝0」「1000 人以上＝1、他＝0」とダミー変数化し、「1000 人以上」を参照カテゴリとした。
[31] 各グループにおいて、ケース数が 11 以上でかつ他の変数との多重共線性の問題が発生しない産業をダミー変数化して投入し、それ以外の産業全てを一括して参照カテゴリとした。上記に該当する産業が無い男性の学歴計と大学・院卒では「製造業」を、上記に該当する産業のみを参照カテゴリにするにはケース数がごく少数であった女性の学歴計および大学・院卒では、上記に該当する産業と「製造業」を一括して参照カテゴリとした。
[32] 「該当する労働者がいない」を分析から除外し、「定年まで」と「職種・労働者によって異なる」をダミー変数化して投入し、「定年以前」の期間全てを参照カテゴリとした。
[33] 「その他」「該当する労働者がいない」を分析から除外し、「長期的な教育訓練等で人材を育成」をダミー変数化して投入。「短期的に研修等で人材を育成」および「特別な研修等は行わず、社員自身に任せる」を一括して参照カテゴリとした。
[34] 「OFF-JT」「OJT」「ジョブローテーション」「自己啓発への支援」「その他」のうち「OJT」「その他」以外 3 つを「実施＝1」「実施していない＝0」とするダミー変数にして投入。
[35] 図表 4-3 と同じ変数を使用。
[36] 図表 4-3 と同じ変数を使用。
[37] 望ましいコースが「その他」である人を分析から除く。
[38] 参照カテゴリは「定年まで×一社勤続型（類型①）」とする。
[39] 参照カテゴリは「長期育成×一社勤続型（類型①）」とする。

形成環境の安定性に対する若者と勤務先との認識のズレが早期転職希望に影響をもつことが明らかにされた。そこで、女性についてはモデル1、男性についてはモデル2のロジスティック回帰分析を実施し、前節で提起された仮説の検証を行う。

2．男性新卒3年未満正社員の早期転職希望の規定要因

図表4-9に、男性のモデル2の分析結果を示した。本モデルは、勤務先の長期育成方針の有無と、若者の長期勤続に対する考え方（望ましいコース）との組合せによる類型が、若者の早期転職希望に及ぼす効果を確認するために作成された。前節において、大学・院卒男性は転職・独立を伴うキャリア形成のあり方を望ましいと考えていても、勤務先が長期育成方針をとっている場合には、同じ転職・独立型の大学・院卒男性が長期育成方針をとらない事業所で働いた場合よりも、早期転職希望率が低下するという効果が確認できた。この効果が、他のあらゆる要因の効果を考慮しても残るのか確認しよう。

まず、カイ二乗検定の結果は短大等卒では有意ではなくモデルそのものが無効である。さらに学歴計より高校卒や大学・院卒の方が、擬似R二乗値が大きく−2対数尤度が小さいことから、男性新卒3年未満正社員の早期転職希望を決定づけるメカニズムは学歴ごとに異なると考えられる。そこで以下では、高校卒と大学・院卒についての結果を比較しながらみていこう。

はじめに、男性新卒3年未満正社員が早期に転職を希望するか否かを決定づける全ての要因のうち、本モデルがどの程度の割合を説明できているのか検討するため疑似R二乗値を比較すると、高校卒の方がやや大きい。また、モデル全体のあてはまりの良さを確認するため−2対数尤度を比較すると、高校卒の方が大幅に小さい。したがって本モデルは大学・院卒男性についても有効だが、高校卒男性の早期転職希望の決定メカニズムを説明するのにより適している。

次に、統計的に意味のある効果をもつ変数（図表上の「p」の列に「*」が1つ以上ある変数）についてオッズ比（Exp(B)）を確認することで、

その独立変数が参照カテゴリ（表側にて「ref」で示されている変数）と比べた場合に、早期転職希望を抱く確率が何倍大きく／小さくなるのか検討する。企業規模と期待する勤続期間は高校卒、大学・院卒ともに早期転職希望に影響を及ぼさない。労働条件は大学・院卒でのみ影響力があり、早期転職希望を抱く確率が、月額賃金が1万円増加すると0.94倍に低下、週あたり実労働時間が1時間増えると1.03倍に上がる。反対に、産業と育成方法は高校卒でのみ影響力をもつ。高校卒男性が早期転職希望を抱く確率は、勤務先が複合サービス事業である場合、参照カテゴリの産業の16.5倍に増大する。また勤務先が「自己啓発への支援」を実施している場合、実施していない場合より早期転職希望を抱く確率が0.66倍に下がる。

　勤務先の育成方針と若者の長期勤続に対する考え方（望ましいコース）との組合せによる類型は、高校卒、大学・院卒ともに影響力がある。本モデルでは、一社勤続型の若者が長期育成方針の事業所で働く場合と比べて、他の3類型の若者が早期転職希望を抱く確率がどう異なるかを検討する。ただし高校卒男性は「短期促成 or 放任×転職・独立型」の該当ケースがごく僅かであるため分析から除き、残りの3類型間の比較を行う。

　高校卒の男性は、勤務先の育成方針が長期的であっても若者本人が転職・独立型である場合、若者が一社勤続型である場合と比べて早期転職希望を抱く確率が17.23倍にまで高くなる。一方、同じ一社勤続型の若者ならば、勤務先の育成方針が短期促成・放任型であっても、早期転職希望を抱く確率は勤務先の育成方針が長期育成型である場合と統計的には変わらない。

　大学・院卒の男性も高校卒男性と同じく、一社勤続型の若者ならば、勤務先が長期育成を行う場合も、行わない場合も、早期転職希望を抱く確率は統計的には変わらない。しかし一方で、若者自身が転職・独立型である場合、早期転職希望を抱く確率は勤務先の育成方針にかかわらず「長期育成×一社勤続型」の若者より高いが、その倍率は「短期促成 or 放任×転職・独立型」では15.11倍であるのに対し、「長期育成×転職・

図表 4-9　男性新卒 3 年未満正社員の早期転職希望の規定要因

男性　従属変数：早期転職希望あり=1, なし=0		全学歴		
	-2 対数尤度	627.017		
	χ2	169.182	***	
	Nagelkerke R2 乗	.277		
	N	1,104		
		B	p	Exp(B)
企業規模	5～99人	-.101		.904
ref:1,000人以上	100～999人	.248		1.281
産業	鉱・砕石・砂利採取	-.201		.818
	建設	-.109		.897
ref:高校、短大等	製造			
10ケース以下の産業	電気・ガス・熱供給・水道	-.344		.709
ref:全学歴・大学・院卒	情報通信	-.331		.718
製造	運輸, 郵便	-.088		.916
	卸売	.061		1.062
	小売	-.438		.645
	金融・保険	-.294		.745
	不動産・物品賃貸	.847		2.332
	学術研究, 専門・技術サービス	-.244		.783
	宿泊, 飲食サービス	-.559		.572
	生活関連サービス, 娯楽	-.098		.906
	教育, 学習支援	.023		1.023
	医療, 福祉	-.698		.498
	複合サービス事業	.678		1.970
	その他サービス	.422		1.526
月額賃金（税込）		-.047	*	.954
週実労働時間		.024		1.024
期待する勤続期間	定年まで	-.104		.901
ref:定年未満	職種・労働者によって異なる	-1.121		.326
育成方針×望ましいコース	短期促成or放任×一社勤続型	-.037		0.964
ref:長期育成	短期促成or放任×転職・独立型	2.768	***	15.931
×一社勤続型	長期育成×転職・独立型	2.060	***	7.845
育成方法(MA)	OFF-JT	.061		1.063
ref:非選択	ジョブローテーション	.022		1.022
	自己啓発への支援	-.150	*	.861
定数		-2.599	**	.074

***p＜.001 **p＜.01 *p＜.05
※参照カテゴリは空白、当該モデルに投入されていない独立変数（ケース数 0）は網掛した

（勤務先の主な育成方針と望ましいコース（モデル2））

高校卒			短大等卒			大学・院卒		
78.471			57.726			454.218		
31.148	**		16.605			142.440	***	
.345			.300			.308		
189			90			822		
B	p	Exp(B)	B	p	Exp(B)	B	p	Exp(B)
-1.349		.260	-1.013		.363	.470		1.600
-.083		.921	-.158		.854	.356		1.428
1.099		3.000				-.443		.642
						-.139		.871
.646		1.908	-.965		.381			
1.134		3.108	.731		2.077	-1.206		.300
						.195		1.215
						-.174		.840
						.093		1.097
						-.202		.817
						-.244		.784
						.856		2.354
						-.401		.670
						-.135		.874
						.441		1.554
						.087		1.091
			-.521		.594	-.518		.596
2.804	*	16.517				.323		1.382
						.423		1.526
-.023		.977	-.125		.882	-.061	*	.941
.000		1.000	-.011		.989	.031	*	1.032
-1.333		.264	-.827		.437	.188		1.207
-19.014		.000	-19.944		.000	-.692		.501
.269		1.308	-1.031		0.357	-.157		0.855
			-0.007		0.993	2.715	***	15.108
2.846	***	17.226	0.769		2.158	2.110	***	8.252
.344		1.411	-.779		.459	.108		1.115
.156		1.169	.289		1.335	-.070		.932
-.423	*	.655	-.300		.740	-.110		.896
-1.575		.207	2.830		16.946	-2.971	**	.051

107

独立型」では 8.25 倍にとどまる。

　以上より、第4節で提起した仮説「長期育成の実施が転職・独立型の価値観をもつ男性に、転職を思いとどまらせたり、転職実行時期を遅らせしめたりする」は、大学・院卒の男性において検証されたと言えるだろう。大学・院卒男性は、長期育成型の事業所に転職・独立型の若者が勤務する「職場定着不振」問題が発生しやすい状況にある人が比較的多いが（図表4-7）、彼らの職場定着の向上には長期的な育成の実施が効果的と考えられる[40]。

3．女性新卒3年未満正社員の早期転職希望の規定要因

　次に、女性のモデル1の分析結果を見ていこう（図表4-10）。本モデルは、勤務先が定年までの勤続を期待するか否かと、若者の長期勤続に対する考え方（望ましいコース）との組合せによる類型が、早期転職希望に及ぼす効果を確認するために作成された。前節で、高校卒と大学・院卒の女性は一つの会社等に勤め続けることを望ましいと考えていても、勤務先が定年までの勤続を期待しない場合には、同じ一社勤続型の高校卒女性が定年までの勤続を期待する事業所で働いた場合よりも早期転職希望率が上昇するという効果が確認できた。この効果が、他のあらゆる要因の効果を考慮しても残るのか確認しよう。

　全ての学歴でカイ二乗検定の結果が有意なので、本モデルは全ての学歴の女性新卒3年未満正社員の早期転職希望の有無を説明するのに有効である。また、学歴計より各学歴について作成したモデルの方が、擬似R二乗値がより大きく－2対数尤度がより小さくなることから、女性新卒3年未満正社員の早期転職希望を決定づけるメカニズムは学歴ごとに異なると考えられる。そこで以下では、学歴別に分析結果をみていこう。

　まず、モデル全体の説明力とあてはまりの良さを比べると、短大等

---

[40] なお、短大等卒の男性の早期転職希望は、本モデルに含まれない他の要素によって規定されている。短大等卒は、専修学校、短期大学、高等専門学校という、設置目的も学習内容も異なる学校出身者を一つにまとめたカテゴリであるため、ケース数を増やし、これらの学校種を考慮にいれて再分析を行うことが問題解明につながるだろう。

卒、高校卒、大学・院卒の順に疑似R二乗値が大きく、−2対数尤度は高校卒と短大等卒が同程度で大学・院卒が著しく大きい。本モデルは短大等卒の女性の早期転職希望の決定メカニズムを説明するのに最も適しているといえる。

次に、統計的にも早期転職希望に影響力をもつといえる変数のオッズ比を確認する。どの学歴も、企業規模、産業、週あたり実労働時間、育成方針、育成方法は早期転職希望に影響を及ぼさない。月額賃金は短大等卒でのみ影響力があり、1万円増加すると0.89倍早期転職希望を抱く確率が低下する。賃金格差が短大等卒女性の早期転職希望の一因になっているという、第3節で明らかにされた効果が他の要素を統制しても確認できたといえよう。

勤務先が定年までの勤続を期待するか否かと、若者の長期勤続に対する考え方（望ましいコース）との組合せによる類型は、全ての学歴で有意な効果を持つ。高校卒女性は、一社勤続型の若者が定年までの勤続を期待しない事業所で働くと、定年までの勤続を期待する事業所で働いた場合より、早期転職希望を抱く確率が4.65倍に増大する。また同じ定年までの勤続を期待する事業所で働いていても、若者自身が転職・独立型であると、一社勤続型の若者より、早期転職希望を抱く確率が6.31倍に増大する。

短大等卒の女性は、一社勤続型の若者であれば、勤務先が定年までの勤続を期待する・しないに関わらず、早期転職希望を抱く確率に有意差はない。また定年までの勤続を期待する事業所で働いていると、若者本人が一社勤続型でも転職・独立型でも早期転職希望を抱く確率に有意差はない。一方で、転職・独立型の若者が早期転職希望を抱く確率を「定年まで×一社勤続型」の若者の確率と比べると勤務先が定年までの勤続を期待する場合には有意差がみられないが、勤務先が定年までの勤続を期待しない場合には、早期転職希望を抱く確率は7.12倍に増大する。

大学・院卒の女性は、若者自身が一社勤続型である場合、勤務先が定年までの勤続を期待しようがしまいが、早期転職希望を抱く確率に有意差は無い。一方、「定年まで×一社勤続型」の場合と比べると、若者自

図表 4-10　女性新卒 3 年未満正社員の早期転職希望の規定要因

女性　従属変数: 早期転職希望あり=1, なし=0		全学歴		
	-2 対数尤度	672.983		
	χ2	90.085	***	
	Nagelkerke R2 乗	.173		
	N	807		
		B	p	Exp(B)
企業規模	5〜99人	.130		1.138
ref:1000人以上	100〜999人	-.090		.914
産業	鉱・砕石・砂利採取			
ref:高校、短大等	建設	.064		1.066
10ケース以下の産業	製造			
ref:全学歴・大学・院卒	電気・ガス・熱供給・水道	-.725		.484
10ケース以下の産業	情報通信	.468		1.596
＋製造	運輸, 郵便	-.293		.746
	卸売	.335		1.398
	小売	.393		1.481
	金融・保険	.606		1.833
	不動産・物品賃貸	.764		2.146
	学術研究, 専門・技術サービス	.047		1.048
	宿泊, 飲食サービス	1.639	**	5.152
	生活関連サービス, 娯楽	.910		2.484
	教育, 学習支援	-.187		.829
	医療, 福祉	.624		1.867
	複合サービス事業	1.024	**	2.784
	その他サービス	.757		2.133
月額賃金(税込)		-.020		.980
週実労働時間		-.004		.996
勤続期待×望ましいコース	離職想定×一社勤続型	0.476		1.610
ref:定年まで×一社勤続	離職想定×転職・独立型	1.568	***	4.795
型	定年まで×転職・独立型	1.741	***	5.702
育成方針: 長期育成(ref:短期的研修、放任、他)		.230		1.259
育成方法	OFF-JT	.287		1.332
(MA)	ジョブローテーション	-.011		.990
ref:非選択	自己啓発への支援	-.069		.933
定数		-2.105	**	.122

***p＜.001 **p＜.01 *p＜.05
※参照カテゴリは空白、当該モデルに投入されていない独立変数(ケース数0)は網掛した

(勤務先の期待する勤続期間と望ましいコース（モデル1））

	高校卒			短大等卒			大学・院卒		
	116.026			102.781			424.772		
	25.468	*		29.935	**		61.469	***	
	.267			.317			.181		
	132			136			539		
	B	p	Exp(B)	B	p	Exp(B)	B	p	Exp(B)
	.083		1.086	.659		1.932	.188		1.207
	-.380		.684	.820		2.270	-.098		.907
							-.984		.374
	-1.161		.313	-1.736		.176			
	-1.458		.233				-.976		.377
							.376		1.457
							-1.174		.309
							.091		1.095
							.859		2.362
							.417		1.517
							.640		1.896
							.093		1.098
							.623		1.864
							.728		2.070
				.451		1.570	-.589		.555
				-.068		.934	.740		2.095
	.364		1.439				.879		2.409
	.040		1.041	-.113	*	.893	-.009		.991
	.018		1.019	-.020		.980	.001		1.001
	1.537	*	4.651	-0.536		.585	0.611		1.843
	1.484		4.409	1.963	**	7.123	1.409	**	4.091
	1.843	*	6.313	1.681		5.371	1.757	***	5.797
	.334		1.397	.994		2.703	-.149		.861
	1.064		2.897	.749		2.116	.071		1.074
	.021		1.022	.091		1.095	-.070		.932
	-.103		.902	-.011		.989	-.056		.946
	-3.641	*	.026	-.751		0.472	-1.937		.144

111

身が転職・独立型の価値観をもつ2類型はいずれも早期転職希望が高まる傾向が見られる。そして、勤務先が定年までの勤続を期待する場合の方がその倍率がやや高い。

以上より、第4節で提起した仮説「雇用主が女性正社員を一時的な労働力として扱うことで、一つの会社等で長期的にキャリアを形成したいと考えていた若者までも『不本意離職』に至らしめている」は、高校卒の女性について検証されたと言えるだろう。高校卒の女性は、ほかの学歴の女性と比べて、必ずしも雇用の安定性の低い事業所に就職する傾向が高いわけではない（**図表4-7**）。しかし長期勤続への期待に反した扱いをうけると早期離職につながりやすい（**図表4-10**）。したがって、高校卒の女性に対しては就職活動の段階で、応募先が新卒採用した若年正社員に長期勤続を期待するタイプの事業所なのか、転職や独立を促すタイプの事業所であるのか見極められるよう支援体制を整える必要がある。

第6節　おわりに

本章の冒頭で述べたように、今日のわが国では、若年者の職場への定着を支援する取組が進められている。職業能力の開発には一定期間同一組織で勤続することが効果的であり、若年人材の希少性が高まることが予想される中、若者自身の生活の安定のためにも、若者が長期的・安定的にキャリアを形成できる就業環境を整備することは、極めて重要な政策課題である。

ただし、同支援を進めるに際しては、以下の二点を念頭に置く必要があるだろう。すなわち、①「誰のための職場定着支援か」を明確化し最適な資源配分を行うこと。そして②「長期勤続」だけを目標にしないキャリア形成支援の必要性である。

1.「誰のための職場定着支援か」

まず、「誰のための職場定着支援か」という問題については、雇用主のための「職場定着不振」対策なのか、若者のための「不本意離職」防

止対策なのか、政策の目標を明確にし、より公的な意義の高い方へ限られた資源を集中すべきである。

　本章での分析の結果、雇用主にとって問題である「職場定着不振」が生じやすい状況（雇用主は定年までの勤続を期待し、長期育成を実施しているが、若者は転職・独立を志向する）は、新卒者の労働市場で最も競争力が高い大学・院卒の男性で最も多く発生しており（**図表 4-7**）、彼らの職場定着を高めるには長期的な育成を行うことが効果的であること（**図表 4-9**）が明らかにされた。

　しかし若年期は職業的発達段階（Super, D. E. & Jordaan, J. P. 1974）の「探索段階」にあたり、離職や転職を含む試行錯誤の行為は健全なプロセスでもある。また、過酷な労働条件で若者を使い捨てる企業に就職した場合には、職場に留まることが必ずしも本人の幸福につながるとは限らない。実際、若年期の転職は長時間労働からの脱出やキャリアアップ、自己実現につながりうることが先行研究で明らかにされた[41]。また同じ先行研究において新卒3年未満男性正社員の離職理由を学歴別に比較した結果、大学・院卒は他の学歴よりも「やりたい仕事」探しに時間がかかりキャリアの方向性を試行錯誤するために離職する傾向が高く、離職後も他の学歴より正社員の仕事に就く傾向が高いことが明らかにされた。したがって、雇用主にとっての若年者の「職場定着不振」問題については、特に高学歴男性が対象となる場合には、まずは若者自身の意思を尊重し、雇用主自身による努力をベースに補助的な支援を行うべきであろう。その際には、賃金格差や長時間労働が大学・院卒男性の早期転職希望を誘発しうることを周知し、長期育成のみならず労働条件の改善も視野に入れた支援を行うことが効果的だろう。

　一方、若者は一社勤続を望んでいるが雇用主は必ずしも長期勤続を期待しないという雇用の安定性に対する労使間の認識のズレは、男性より

---

[41] 労働政策研究・研修機構（2017）が正社員経験をもつ若年者に実施したWeb調査の分析結果によると、初めての正社員勤務先を長時間労働や休暇の問題を理由に離職した人は、再就職先では大幅に労働時間が減少していた。また、異なる業種・職種に転職した人は、仕事の内容がやりたい仕事と異なっていたことを離職の理由とすることが多く、同一の業種・職種に転職した人はキャリアアップを求めての離職であった人が多い。

女性、女性の中では高校卒・短大等卒女性で多く発生していた（**図表 4-7**）。そして、とりわけ高校卒の女性は、このような状況に置かれることで早期転職希望を抱く傾向が高まることが明らかにされた（**図表 4-10**）。したがって若年者にとっての「不本意離職」を防止するための対策は、高校卒女性が主な対象となる。ではどのような支援が彼女たちのキャリア形成を助けることになるだろうか。労働政策研究・研修機構（2017）によれば、高校卒の女性正社員は Off-JT の機会（業務をせず研修だけを受けている時期）や上司・先輩からの働きかけが他の学歴の女性より不足しがちである一方で、業務の量・種類の増大や責任範囲の拡大、難易度上昇などチャレンジの機会があった人ほど離職しない傾向が高い。また「自らキャリアを形成するため上司や先輩に働きかける」ことができた人ほどキャリアアップや結婚・出産のために辞める傾向が高い。これらを考え合わせると、高校卒の女性は現状ではあまり職場で期待されておらず教育訓練も手薄になりがちであるため、主体的にキャリアを形成できる女性ほど人材流出を起こしている可能性がある。高校卒の女性は新卒者の労働市場の中では競争力が弱く、雇用主の自助努力に任せていては、一時的な労働力とみなされて貴重な若年期を十分な能力開発なしに過ごすことになりかねない。結婚・出産後も働き続けられる職場環境づくりを始めとする雇用の安定性の向上、性別や学歴に関わらず意欲ある若者が挑戦できる仕組みづくりを、行政が主体となって支援することが、若者自身のキャリア形成の安定性や職業能力を高めるとともに、高校卒女性の主な就職先である中小企業にとっても、若年人材不足を補うために有効であろう。

2．「長期勤続」だけを目標としないキャリア形成支援の必要性

本章の分析の結果、「一つの会社で勤め続けること」を望ましいと考える若者の多くは、勤務先が定年までの勤続を期待するか否か、長期育成を行うか否かに関わらず、早期転職希望を抱く傾向が変わらないことが明らかにされた[42]。また先行研究では男性若年正社員にとって一つの会社で勤め続けたという事実は、物事を「最後までやりとげる」能力の証

第 4 章：新卒採用正社員の早期転職希望の背景

として作用し、彼らの自己評価を高める可能性が示唆されている[43]。このように、若年正社員の間では「一つの会社で勤め続けること」自体が一種の規範として機能している。

　しかし改めて言うまでもなく、グローバル化の進行や資本主義の成熟を背景に、「一つの会社で勤め続ける」形でのキャリア形成を実現できる可能性はますます減少し、その対象は一部の層に限られていくことが予想される。本章の分析結果からも、若者側も一社勤続を望ましいと考え勤務先も定年までの勤続を期待し長期育成を実施するという、従来の日本的雇用システムにおける「長期安定雇用」が実現されているケース（類型①）の割合は性別や学歴によって異なり、最も高い高校卒男性[44]と最も低い短大等卒女性とでは、勤続期間については 42.3 ポイント、育成方針については 19.8 ポイントの差がある（**図表 4-7**）。しかも本章の分析結果は、「新卒時」に「円滑」に「正社員」として雇用され現在も「勤続」している若者についてのものである。卒業後紆余曲折を経てから正社員となった若者や、正社員以外の形で働いている若者、現状では働いていない若者たちなど多様な若者を視野に入れると、「一つの会社で勤め続けること」だけを若者のキャリア形成支援のゴールに据えることは適切とは言えないだろう。

　一方、本章での分析の結果、短大等卒では男女とも、若者は転職・独立を伴うキャリアを望ましいと考え、勤務先も定年までの勤続を期待しない・長期育成方針をとらないケース（類型④）の割合が、他の学歴に

---

[42] 前節のロジスティック回帰分析の結果、短大等卒と大学・院卒の一社勤続型の女性が早期転職希望を抱く傾向は、勤務先が定年までの勤続を期待しているか否かに左右されなかった。同様に高校卒、大学・院卒の一社勤続型の男性が早期転職希望を抱く傾向も、勤務先が長期育成方針をとっているか否かに左右されなかった。

[43] 労働政策研究・研修機構（2017）によると、正社員経験をもつ男性に「初めての正社員勤務先」入職 3 ヶ月後時点における 10 項目の「行動特性」を回顧的に自己評価してもらった結果、高校卒、大学・院男性においては、唯一「最後までやりとげる」能力についてのみ、後に離職した若者は調査時点において勤続している若者より自己評価が低い傾向がみられた。

[44] 一方で、高校卒男性は本章が作成した「早期転職希望率」では把握できない、新卒就職直後の離職傾向が高い（厚生労働省の報道発表資料「新卒者の離職状況」各年）。また高校卒の若者は新卒時に正社員の仕事を得ることそのものが高学歴層より難しい。ゆえに高校卒男性を、長期安定雇用によるキャリア形成が実現しやすい層とみなすことは必ずしもできないことに注意が必要である。

115

比べて著しく高いことが明らかになった（**図表 4-7**）。短大等卒において
は、既に「一つの会社で勤め続けること」ではなく、「複数の組織間を
移動する」ことや「独立自営」によってキャリアアップや生活の安定等
を図るキャリア形成のあり方が、無視できない数の若者によって実践さ
れている。ただしその就業環境は厳しいものである。短大等卒の男性に
おいては早期転職希望者とそれ以外の新卒 3 年未満正社員の間の賃金格
差が著しい（**図表 4-3，4-4**）。短大等卒の女性においても、他の学歴で
はみられなかった賃金の低さが早期転職希望を抱く傾向を高める影響力
が確認された（**図表 4-10**）。この背景には、短大等卒の男性の 55.3％、
女性の 53.3％が「専門的・技術的な仕事」に従事し、その勤務先産業は
医療・福祉や学習・教育支援事業が中心であることが関係していると思
われる。特に短大等卒女性においては、介護職や保育士・幼稚園教諭と
して勤務しているであろう人が全体の 4 割強を占める[45]。これらの職種は
いわゆる「女性の職業」として賃金が低く抑えられ続けた職業である。
またこれらの産業における賃金額の決定には、行政による政策的な判断
が介入するため、個々の事業所による雇用管理上の努力・工夫だけでは
限界がある。

　今後、転職や独立を伴うキャリア形成を実践しなくてはならなくなる
若者の数が、大幅に減少することはないだろう。性別や学歴、就業経歴
などが多様なあらゆる若者のキャリア形成環境を改善するためには、「正
社員として長期勤続する」ことを目標とする若者だけでなく、「正社員
以外の雇用形態で働きながら生活の安定を目指す」若者や、「転職を繰
り返すことでキャリアアップを図る」若者、「独立を目指す」若者など、
多様な若者像を前提に支援のあり方を考える必要があろう。その際、若
者を自らの意思でキャリアを形成する「自律的な個人」として扱うのは
時期尚早である。上記の短大等卒の若者にみたように、転職・独立型の

---

[45] 学歴別に女性の勤務先産業と職種の組み合わせをみると、高校卒は複合サービス事業（郵便局）の事務 21.1％、製造業の事務 17.4％、短大等卒は医療・福祉の専門・技術職 31.4％、教育・学習支援業の専門・技術職 12.4％と特定領域に集中するが、大学・院卒は金融・保険業の事務 9.5％、製造業の事務 9.2％、教育・学習支援業の専門・技術職 8.9％、複合サービス事業（郵便局）の事務 8.7％、医療・福祉の専門・技術職 8.2％と分散する。

キャリアを歩む若者たちの状況は厳しい。そしてその背景には一個人や一雇用主の努力だけではどうにもならない社会的な構造がある。多様なキャリア形成のあり方を、若者が健全な生活を送りながらその能力を生かすことができるようなものにするためには、医療・福祉・介護、教育産業に独自の問題を解決すると同時に、従来の「正社員として『長期勤続』すること」を前提に構築されてきた社会保障の仕組みを見直し、非正社員として働くことや、転職・独立に伴うリスクを軽減するセーフティーネットの整備を急ぐ必要があるだろう。

参考文献

太田聰一，1999，「景気循環と転職行動」中村二朗・中村恵編『日本経済の構造調整と労働市場』日本評論社，pp.13-42.

尾形真実哉，2015，『若年就業者の 組織への適応課題と適応促進要因 複数のデータを用いた分析結果から』日本労務学会第 45 回全国大会研究報告論集，pp.13-16.

黒澤昌子・玄田有史，2001，「学校から職場へ—「七・五・三」転職の背景」『日本労働研究雑誌』490 号，pp.4-18.

玄田有史，1997，「チャンスは一度 世代と賃金格差」『日本労働研究雑誌』449 号，pp.2 12.

小林徹・梅崎修・佐藤一磨・田澤実，2014，「大卒者の早期離職とその後の転職先——産業・企業規模間の違いに関する雇用システムからの考察」『大原社会問題研究所雑誌』671・672 号合併号，pp.50-70.

前田佐恵子，濱秋純哉，堀雅博，村田啓子，2010，「新卒時就職活動の失敗は挽回可能か？家計研パネルの個票を用いた女性就業の実証分析」，ESRI ディスカッション・ペーパー・シリーズ No.234，内閣府経済社会総合研究所．

労働政策研究・研修機構，2016，『若年者のキャリアと企業による雇用管理の現状：「平成 25 年若年者雇用実態調査」より』JILPT 資料シリーズ No.171.

労働政策研究・研修機構，2017，『若年者の離職状況と離職後のキャリ

ア形成（若年者の能力開発と職場への定着に関する調査）』JILPT 調査シリーズ No.164.

Super, D. E. & Jordaan, J. P, 1974, The Prediction of Early Adult Vocational Behavior. In M, Ricks, D. E. Ricks, & M. Pollack(Eds), Life history research in psychopathology, pp.108-130, University of Minnesota Press.

第5章　早期離職後の職業キャリア[1]

小杉　礼子

第1節　はじめに

　本章の目的は、学卒後の最初の就職先から数年以内に離職する早期離職者のその後の就業状況について明らかにすることである。

　若年者の早期離職は長く社会的関心を集めてきたテーマである。1950年代後半からの高度経済成長期、中学・高校卒業予定者を対象にした学校・公共職業安定所経由の就職の仕組みが発達するとともに、就職後間もない時期の離職が社会的問題として大きな関心を集めた。企業にとっては、採用や教育訓練にコストをかけた人材の流出の問題であるし、また、就職が同時に都市へ移動を伴うことが多かった時代だけに、それは都市生活への適応の問題として関心を集めた。以来、わが国においては早期離職への社会的関心は引き継がれ、その指標として、雇用保険データに基づく入職3年以内での離職率[2]が公表されるようになり、そこから「7・5・3問題」(中学新卒者の7割、高校新卒者の5割、大学新卒者の3割が3年以内に離職する)として広く知られるようになった。

　早期離職の実態や要因などを探る調査研究は、行政諸機関なども含めて当時から少なからず行われており、その成果は、職場への定着をはかるべく、学校と公共職業安定所の連携の下に進められた「職場適応指導」などの形で政策に反映されてきた。

　一方、早期離職した者がその後、どのような就業状況にいたるかに焦点を当てた研究蓄積はあまりない。数少ない例として雇用職業総合研究所(1990年より日本労働研究機構)による2つのパネル調査をあげることができる。ひとつは、1969年～71年間の中学卒業者を対象とした「若年労働者の職業適応に関する追跡調査」[3]である(雇用職業総合研究所、1988)。同調査においては入職から3年後までの離職者は、学歴により異なるもの

---

[1] 本稿は小杉・金崎(2016)を大幅に加筆修正したものである。
[2] 雇用保険加入届が提出された新規被保険者資格取得者の生年月日、資格取得加入日、資格取得理由から学歴ごとに新規学校卒業者と推定される就職者数を算定し、さらにその離職日から離職者数・離職率を算出したものであり、厳密には学歴区分も推計にとどまるものである。

の3割から4割となっている。検討されたテーマのひとつが企業間移動に伴う移動（特に初職から次職）における、職種や業種、企業規模などの移動前後の一致状況である。さらに、離職が「計画的」であったか否かが、再就職においての希望の実現度や再就職先への満足度を左右することなども主要な発見として指摘されている。こうした議論の展開は、この研究の主な関心が、個人の職業的発達の過程の解明にあったことによる。早期離職が後の再就職にどうつながり、何がそれを左右するかが検討された。

　もうひとつのパネル調査「高卒者の初期キャリア調査」[4]では、1988年に高校を卒業した者を卒業後6年目まで追跡した（日本労働研究機構、1992, 1996）。その研究目的のひとつは、卒業後の初期キャリアの形成プロセスとそれが学校教育や他の諸制度とどのように関係するかを検討することであった。その発見のなかには、高校での「校内選考の結果」志望を変更した先に就職した場合に離職が多く、「いくつかの就職試験を受けた結果」就職先を決めた場合には定着が多いというものがある。どちらも初期の志望の変更を迫られて決めた就職先であるが、学校主導の調整である校内選考より、自ら失敗を経験した「就職試験の結果」のほうがその後の離転職は少ないという指摘である。また、同調査では各調査時点において適性検査の一つである「職業興味検査」を併せて実施し、職業心理学の立場からの分析も行なわれた。ここから、職業興味の型と就業職種との一致という点から見れば、転職者の場合、初職より離職後の再就職先のほうが一致することが多いことが指摘された。すなわち、転職は高校時代の進路選択の「仕切り直し」であるという指摘であり、早期離職に積極的な意味を見出すものであった。

　また、この分析では最初に初期キャリアの類型化をおこなっているが、離職の有無はその類型分けのひとつの基準となっていた。同時に基準とされたのは、初職の開始時期と非正規就業経験の有無である。後の2つへの

---

[3] 同調査は、7都県の71の中学校（各1学級）を1969年〜71年に卒業した2,820人を対象に、卒業後の17歳から26歳時点まで4回にわたり面接（一部郵送）によって行われた。経歴の分析の対象とされたのは経歴情報が一定の水準で得られた1,220ケースであった。

[4] 同調査は、6都県の21校（普通科8校、工業科6校、商業科6校、家庭科1校）の1988年卒業者1,845人を対象に卒業後6年目まで、3回にわたって面接（一部郵送）によって行われた。最終報告書では、6年目調査への有効回答962ケースを分析している。

着眼は、同調査の主な観察期間である1990年代前半はバブル経済崩壊前後であり、新規学卒採用の縮小や若年非正規雇用の問題が出現し始めた時期であったゆえだが、当時としては新しい発想であった。ここでの文脈に沿って言い換えれば、離職後の再就職が正規雇用であったか非正規雇用であったかがキャリアの分岐点として重視されたということである。

さらに、日本労働研究機構（2003）は、別途行われた高卒1年目の者を対象にした調査（2001年実施）における離転職とこのパネル調査での離転職状況を比較し、再就職の際の非正規雇用割合が高まったことを指摘している。その上で、非正規雇用の持つ問題点を念頭に置けば、早期離職は個人のキャリア形成という点から見ても問題性があるのではないかと論じている。

しかし、2000年代半ば以降は、早期離職後の就業状況を明らかにすることを目的とした実証研究はほとんど行われていないといえるだろう。筆者としても近年は主に、学校卒業直後の就業形態と、その後の一定期間における正規雇用と非正規雇用、あるいは無業の経験に着目してキャリアを類型化することが多く、早期離職に注目することはなかった。離職より、正社員市場に居続けているどうかのほうに注目していた。

本稿では、改めて、早期離職後の就業に焦点を置いた検討をしたい。近年、新卒者の多くが大学や専門学校などの高等教育卒業者に変わっており、学校あっせんが一般的な高卒とは就職プロセスが大きく異なる。また、ごく最近は新卒市場が売り手市場化しており、初職が正社員の場合が多くなっている。一方で、若年期の非正規雇用の割合は高止まりしており、非正規雇用で再就職は2000年ごろよりさらに増えていると考えられる。高等教育卒業者でも次職は非正規雇用化しているのか。また、離職の背景にあるものと再就職との関係はあるのか、その離職は内的には積極的な意味を帯びた選択といえるのだろうか。こうした点について実証的な検討を行うことは、キャリア・職業教育、就職支援、あるいは離職後の再就職支援のための施策の充実を図るうえでは有用な資料となろう。

これらを検討するためにはかつてのようなパネル調査が望ましいが、残念ながら現在ではそうした形のデータは得られない。次善の策として、こ

こでは厚生労働省が実施した「平成25年若年者雇用実態調査」の個票データを借りてその2次分析を行う。同調査は、全国規模の標本調査であり、15～34歳の労働者約1万6千人について初職の就業形態と離職の有無、さらに現職の状況等がわかる。ただし、同調査は、5人以上の常用労働者を雇用する事業所、およびそこに就業する15～34歳の労働者が対象である。すなわち、同調査で把握することのできる早期離職者は、離職後にこうした事業所に再就職した人々に限られ、離職後に失業している人や非労働力化した人、あるいは、再就職したとしても常用労働者5人未満の事業所に勤務する人は対象から外れている。早期離職後の状況を検討する上では限界のある調査ではあるが、近年の状況が把握されており、規模も大きいことから、これを用いて分析を試みる。なお、ここで分析に用いるのは、在学中を除く20歳～34歳の者で、かつ、最終学校卒業から1年間の状況として「正社員として勤務していた」と回答している10,812ケースである[5]。

　以下、まず本調査における早期離職の状況を確認した上で、その理由など早期離職であったことの特徴を検討する。次に、離職以降の就業状況を主に現職が正社員であるか正社員以外の労働者であるのかに注目して整理し、離職時期が早かったことが現職にどう影響しているのか、本人の主観的評価をも含めて検討する。最後に、これらの検討から早期離職のキャリア形成上の意味と課題を考えたい。

第2節　早期離職とその特徴

　調査では、最終学校卒業から1年間の就業状況が正社員であったか正社

---

[5] 15～19歳層は対象数が少なく、また学歴が偏り、かつ卒業からの期間も短いので、ここでの分析からは除く。なお、分析に当たっては、ウエイト付けを行っていない元データを用いる。本調査は事業所調査については産業、事業所規模別、個人調査については、産業、事業所規模、就業形態別の層化を行った抽出調査であり、ウエイト付けをしない状態では抽出率の違いから母集団を正しく反映できないが、本稿は我が国の全体状況を把握することより、詳細な関連を検討することに重点を置くため、ウエイト付けをしないことを選択した。

員以外の労働者であったか（以下非正規と呼ぶ）を問うているが[6]、ここではこの回答を初職就業形態とする。この初職が正社員であった者のうち入職3年未満で離職した者は20.9％（中学・高校卒25.8％、短大・専門学校卒27.1％、大学・大学院卒16.6％）であった[7]。**図表5-1**では、初職勤続期間を1年未満と1年以上3年未満、3年以上に分けて示しているが、1年未満の特に早い離職者も少なくない。なお、性別の離職状況は大きく異なることから、以下では性別を分けて論じることにする。

さて、初職を離職する際に将来にむけての計画性があったかが再就職に影響することが先行研究では指摘されているが、本調査では計画的な離職であったかを直接尋ねる質問はないので、離職の理由に注目して、そこか

図表5-1 初職離職経験率（性・学歴別、初職勤続期間別）

単位：％、太字は実数

性別	学歴	初職有業者(N)	離職経験率	1年未満	1～3年未満	3年以上後
男性	中学・高校卒	1,508	38.1	8.4	13.5	14.7
	短大・専門	747	41.1	9.1	15.3	15.5
	大学・大学院	3,574	22.9	4.4	9.8	8.0
	合計	5,829	29.2	6.0	11.4	10.7
女性	中学・高校卒	1,170	54.0	10.8	20.3	21.1
	短大・専門	1,384	54.5	9.5	19.1	23.6
	大学・大学院	2,429	34.8	6.8	13.3	14.0
	合計	4,983	44.8	8.5	16.5	18.3
合計	中学・高校卒	2,678	45.0	9.4	16.4	17.5
	短大・専門	2,131	49.8	9.4	17.7	20.8
	大学・大学院	6,003	27.7	5.4	11.2	10.4
	合計	10,812	36.4	7.2	13.8	14.2

注：初職勤続期間が不明の者は掲載を省いた。

[6] 最終学校卒業から1年間の状況について、3つの選択肢（「正社員として勤務した」「正社員以外の労働者として勤務した」「働いていなかった」）から選ぶ方式の設問である。この設問への回答を初職の就業形態とする。したがって、必ずしも最終学校卒業後初めて就いた職を表すものではない。

[7] 一般によく引用される雇用保険加入状況から算出する3年以内離職率は、2012年3月卒業者の場合、中学卒65.3％、高校卒40.0％、短大等卒41.5％、大学卒32.3％であり、これに比べると本調査での入職3年未満の離職経験率は低い。これは第1節で述べた調査の特性による影響が大きいと考えられる。

ら将来への何らかの方向性を持った離職なのか、検討してみる。

初めて勤務した会社を離職した理由については、17の選択肢（他に「その他」）を示し複数回答で答える形の設問がある。離職の時期が早い場合に、その理由に特徴があるのか、**図表 5-2** では多重応答分析[8]によってこの関係を検討した。この分析では対象者が併せて選ぶことの多い回答を近い

図表 5-2　初職離職理由と初職勤続期間の関係（多重応答分析）

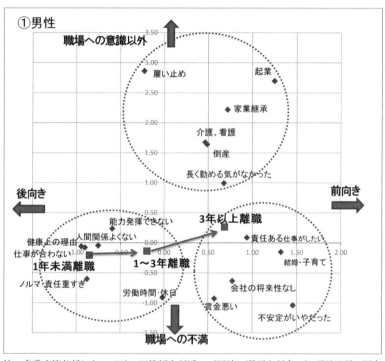

注：多重応答分析においては、回答傾向が近い（同時に選ぶ人が多い）項目ほど、図上の距離が近く表される。ここで投入した変数は、初めての会社を辞めた理由の17項目（「仕事が自分に合わない」「自分の技能・能力が活かせられなかった」「責任のある仕事を任されたかった」「ノルマや責任が重すぎた」「会社に将来性がない」「賃金の条件がよくなかった」「労働時間・休日・休暇の条件がよくなかった」「人間関係がよくなかった」「不安定な雇用状態が嫌だった」「健康上の理由」「結婚、子育てのため」「介護、看護のため」「独立して事業を始めるため」「家業をつぐ又は手伝うため」「1つの会社に長く勤務する気がなかったため」「倒産、整理解雇又は希望退職に応じたため」「雇用期間の満了・雇止め」）それぞれについて選択したか（◇で示す）、および初職継続期間（「1年未満」「1年〜3年未満」「3年以上」：□で示す）である。

124

第 5 章：早期離職後の職業キャリア

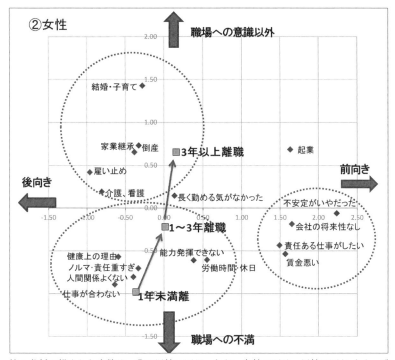

注：分析に投入した変数は、①の男性に同じ。なお、女性の図は、男性の図とイメージを合わせるために、算出された分析結果の縦横の軸を入れ替え、符合を逆転する操作を行っているが、これは、この分析の本質には影響しない操作である。

距離に、選ばない回答を遠い距離に置く形で、多数の設問への回答傾向を大まかなグループに分けてみることができる。①は男性を対象に、②は女

---

[8] SPSSによる多重応答分析を用いた。多重応答分析は、数値をケース（オブジェクト）とカテゴリに割り当てることによって、名義（カテゴリ）データを数量化するものである。ここで投入したのは、初めての会社を辞めた理由の17項目（「仕事が自分に合わない」「自分の技能・能力が活かせられなかった」「責任のある仕事を任されたかった」「ノルマや責任が重すぎた」「会社に将来性がない」「賃金の条件がよくなかった」「労働時間・休日・休暇の条件がよくなかった」「人間関係がよくなかった」「不安定な雇用状態が嫌だった」「健康上の理由」「結婚、子育てのため」「介護、看護のため」「独立して事業を始めるため」「家業をつぐ又は手伝うため」「1つの会社に長く勤務する気がなかったため」「倒産、整理解雇又は希望退職に応じたため」「雇用期間の満了・雇止め」）それぞれについて選択したか否か、および初職継続期間（「1年未満」「1年～3年未満」「3年以上」）である。なお、②の女性の場合の図は、男性の図とイメージを合わせるために、算出された分析結果の縦横の軸を入れ替え、符合を逆転する操作を行っているこれは、この分析の本質には影響しない操作である。

性を対象にそれぞれ行ったものである。まず男性に注目すると、離職理由は大まかに3つのグループにわけることができ、左下には「ノルマや責任が重過ぎる」「仕事が合わない」「人間関係がよくない」などが一塊になっている。右下には「結婚・子育て」「責任ある仕事がしたい」「会社の将来性」「不安定が嫌だった」などが緩やかに集まっている。上の方では、「雇い止め」「起業」「家業を継ぐ」「介護、看護」などが近い関係にある。これをみると、下の2つは、おおむね職場に起因する不満である。うち左は職場のストレスとかプレッシャーになる要因であり、右側は少し前向きな、次の職場を探すことにつながる不満だといえる。（男性の離職理由での「結婚・子育て」は、より高い収入の仕事への動機づけだと解釈できる）。また、上段は職場への本人の意識とは別の次元の理由といえるだろう。

　ここに同時に投入されている初職勤続期間を示す変数に注目すると、早い離職ほど職場への不満を理由にする後向きの離職が多く、離職までの勤続期間が長いほどより前向きな理由での離職となる傾向があることがわかる。

　②の女性の場合についても、男性とほぼ同様な3つの理由群が見て取れる。さらに、初職勤続期間別には、やはり早い離職ほど職場への不満を理由にした後向きの離職が多い。しかし、離職までの勤続期間が長い場合は、男性とは異なり、職場の不満要因以外の理由（結婚・子育てなど）での離職が増えていることがわかる。3年以上勤続後の離職の方向性は男女で異なることが鮮明になっている。

　ここから、男女で方向が違うにしても、離職までの勤続期間が長い者のほうが何らかの「計画性」を持つことが多いことが推測される。

　さて、当事者がこうした不満を抱く背景には、職場の側に課題がある場合が少なからずあろう。厚生労働省では雇用保険の加入データをもとに、新規学卒就職者の早期離職率は、産業では宿泊・飲食サービス、生活関連サービス業・娯楽業などが、事業所規模では小規模であるほど高いことを公表している。

　ここで使用しているデータでは職種別[9]の状況がわかるので、次の**図表**

第 5 章：早期離職後の職業キャリア

図表 5-3　初職の職種別・勤続期間別離職経験率

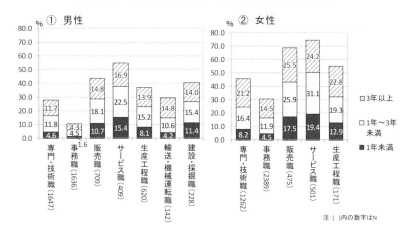

5-3 には、おもな職種別に初職勤続期間別の離職経験率を示す。男女ともサービス職と販売職、さらに男性では建設・採掘職で、女性では生産工程職で早期離職者が多いことがわかる。

職種によって離職理由の傾向は異なる。勤続 3 年未満の早期離職の場合の離職理由を職種別に検討すると、サービス職では男女とも「労働時間・休日・休暇の条件がよくなかった」（男 49.0%、女 48.2%）が最も多く、販売職ではやはり労働時間が多い（同 35.8%、36.4%）が、「仕事が自分に合わない」（同 42.2%、34.5%）「ノルマや責任が重すぎた」（同 32.4%、33.5%）も同様に多い。また女性の生産工程職では「仕事が自分に合わない」（47.3%）が、女性の専門・技術職[10]、事務職では「人間関係がよくなかった」（31.9%、36.7%）がそれぞれ多くなっている（付表 5-1 参照）。不満を感じる内容に、それぞれの職種の就業環境の違いが表れているといえる。

この職種別の特徴は、学歴別の離職理由の違いにもつながっている。男性の場合、大学・大学院卒では「労働時間・休日・休暇の条件がよくな

9　初職の職種は離職経験者のみを対象にした設問である。離職経験者の割合を求めるには初職継続者についての情報が必要だが、継続者については、分析対象は 34 歳まで若年者であることから企業内での職種の移動は少ないと考え、現職の職種をこれに読み替えた。なお、職種は職業大分類レベルでのみ把握されている。

10　本調査では職種は自己認識であるため、特に専門・技術職には、統計上の同分類の範囲を超えた幅広い職種が混在している可能性が大きい。

127

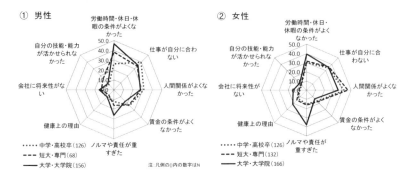

図表 5-4 1年未満での離職者の学歴別 主な離職理由（MA）

かった」が最も多く、また「ノルマや責任が重すぎた」が他の学歴と比べて多いが、これは大卒離職者には販売職であった者が多いことが影響しているだろう。中学・高校卒では「仕事が自分に合わない」が最も多いが、これは生産工程職を離職した者が多いことが背景にある。女性については、大学・大学院卒では同学歴の男性同様に「労働時間・休日・休暇」「ノルマや責任が重すぎた」が多いが、やはり離職者に販売職は多い。中学・高校卒、専門・短大卒では「人間関係がよくなかった」が多く特徴的だが、離職者には事務職、専門・技術職が多い（**図表 5-4**、付表 5-2 参照）。

第3節　離職以降の就業状況と現職への主観的評価

　初職を短期でやめたことは、離職以降の就業にどう影響しているのだろうか。この調査で把握できるのは、現職までに何社経験してきたのかと、現職の就業形態や職種等である。また、現職が非正規雇用である場合には、その継続意思がわかるので、そこから非正規雇用での就業が不本意なものであるのか否かが推測でき、さらに、現在の就業状況に対する満足感も把握できる。離職までの勤続期間の長短によって、これらに違いがあるのか、検討しよう。

　まず、現職までの経験会社数である。**図表 5-5** にみるとおり、転職後の最初の勤務先が現職である者は全体では約半数を占める。離職前の初職勤

第 5 章：早期離職後の職業キャリア

図表 5-5　現職までの経験会社数（初職離職者のみ）

		平均経験会社数	経験会社数(%) 2社	3社	4社	5社	6社以上	合計 N
男性	1年未満	3.19	42.9	27.4	12.9	8.0	8.6	350
	1年～3年未満	2.88	48.9	27.9	14.1	4.8	3.9	667
	3年以上	2.73	57.1	24.5	10.9	4.3	2.6	624
	合計	2.89	50.7	26.5	12.6	5.3	4.4	1,641
女性	1年未満	3.43	32.5	28.5	18.6	10.1	9.9	424
	1年～3年未満	3.12	43.3	27.3	15.4	7.5	6.3	824
	3年以上	2.77	53.0	27.2	12.2	4.9	2.4	913
	合計	3.04	45.3	27.5	14.7	6.9	5.4	2,161
合計	1年未満	3.32	37.2	28.0	16.0	9.2	9.3	774
	1年～3年未満	3.01	45.8	27.6	14.8	6.3	5.2	1,491
	3年以上	2.75	54.7	26.1	11.6	4.7	2.5	1,537
	合計	2.97	47.6	27.1	13.8	6.2	4.9	3,802

注：平均経験会社数は、不詳を除き、8 社以上は 8 社としたときの平均値。また、不詳は掲載を省いた。

続期間が短いほど経験会社数は多く、1 年未満での離職者では平均 3 社を超え、5 社以上を経験した者も 2 割近くになる。経験会社数は年齢と学歴によって違いが大きいと思われるので、これを統制したものを巻末に掲載しているが、それでも離職までの勤続期間が短いほど経験会社数が多い傾向は明らかであり、早期離職は不安定な就業につながりやすいことが推測される。

　次に現職の就業形態をみる。**図表 5-6** の最も左の列は、離職経験者のうちの現在非正規雇用である者の割合であるが、男性で 35.7%、女性では 72.6% と男女差が大きい。これが離職までの勤続期間によって異なるのかを見ると、男性では 1 年未満離職者で非正規割合がやや高いが、女性ではむしろ逆になっている。

　これを本人の働き方の希望の違いで分けたものが、右の列の数字である。現在非正規雇用であるが正社員を希望している者、すなわち不本意で非正規職に就いている者（以降、「不本意非正規」と呼ぶ）の割合に注目すると、男性の場合は離職経験者全体の 24.5%、女性の場合は 35.6% である。女性には今後も非正規雇用を継続することを希望する人が少なくないので、不本意非正規は非正規就業者全体の半数程度になっている。

　これについても、離職までの勤続期間との関係を見ると、1 年未満の者と 3 年以上の者とではほとんど差がなく、初職の勤続期間によって不本意

129

図表 5-6　離職経験者の初職勤続年数別の現職非正規雇用割合（希望就業形態別）

単位：％、太字は実数

		非正規割合	今後の働き方の希望			対象数(N)
			うち正社員希望	うち非正規継続	うち独立、その他、不詳	
男性	1年未満	40.6	26.6	4.3	9.7	**350**
	1年〜3年未満	34.5	22.0	3.6	8.8	**667**
	3年以上	34.3	26.0	2.7	5.6	**624**
	合計	35.7	24.5	3.4	7.8	**1,641**
女性	1年未満	70.8	36.1	24.1	10.8	**424**
	1年〜3年未満	72.2	35.6	24.9	11.8	**824**
	3年以上	73.7	35.4	25.6	12.7	**913**
	合計	72.6	35.6	25.0	12.0	**2,161**
合計	1年未満	57.1	31.8	15.1	10.3	**774**
	1年〜3年未満	55.3	29.5	15.4	10.5	**1,491**
	3年以上	57.7	31.6	16.3	9.8	**1,537**
	合計	56.7	30.8	15.7	10.2	**3,802**

非正規になる確率が異なるとはいえない[11]。

さらに学歴を分けてこれを検討したものが**図表 5-7**（付表 5-4）である。まず、学歴によって非正規雇用の割合が異なるかを見る。男性の場合、大学・大学院卒では27.1％（正社員割合は72.9％）であり、短大・専門卒では33.9％（同66.1％）と、高等教育卒業者は正社員で再就職しているケースが多いのに対し、中学・高校卒では非正規雇用割合は49.0％（同51.0％）とほぼ同数である。女性では水準は異なるものの、高等教育卒業者の方が非正規割合が小さい傾向は確認できる（大学・大学院卒67.9％、短大・専門卒72.5％、中学・高校卒79.1％）。不本意非正規の割合のほうに注目すると、男性では学歴差があり、これは統計的にも確認されたが、女性については学歴の差はみられない[12]。

次に、同じ学歴の者の中で初職勤続期間によって違いがあるかをみると、女性の大学・大学院卒のみ統計的な差があることが確認された。ただ

---

[11] 男女とも、離職経験者に対して現職が非正規である割合および離職経験者全体に対して現職が不本意非正規である割合は、統計的には有意な差がなかった。

[12] 離職経験者に対して現職が非正規である割合が学歴によって異なるかについては、男女とも、p＜.001％水準で有意差が確認された。一方、不本意非正規割合については、男性では同水準で有意であったが、女性では有意差はなかった。

第 5 章:早期離職後の職業キャリア

図表 5-7　離職経験者の初職勤続年数別の現職非正規雇用割合（希望就業形態、性・学歴別）

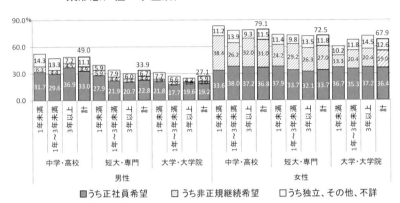

し、想定とは逆に勤続期間が長いほど非正規割合が大きい傾向であった。離職経験者全体に対する不本意非正規の割合については、男女とも、いずれの学歴においても初職勤続期間による差は統計的には確認できなかった。

　大学・大学院卒の女性の場合、短期で離職した人には、非正規雇用の継続や独立などを希望する人がとくに少なく、このことが短期で離職した人のほうが非正規比率が低いことの背景にあると考えられる。

　ここまでをまとめると、早期離職後に非正規雇用に就く傾向が、女性、および低学歴者を中心に広がっており、離職経験がある女性および中学・高卒男性の3～4割が不本意で非正規職に就いていた。比較的正社員になりやすい高等教育卒業の男性では、統計的に有意ではないがやや早期離職者のほうが非正規比率が高いことを考慮に入れると、女性、および低学歴男性では、正社員就職のハードルが高く、3年以上の勤続後の離職者でも、不本意に非正規に就かざるを得ないことが多いのではないかと推測される。

　冒頭に述べた通り、この調査は常用労働者5人以上規模の事業所に再就職している人だけを対象にしており、失業していたり、非労働力化したりした人が除かれているため、離職後の正社員への壁は実際にはもっと高い

ということだろう。現状の非正規雇用と正規雇用との賃金や能力開発機会などの処遇の格差、雇用の不安定さを考えれば、学卒時の初職を辞めることのマイナスは大きいように見える。

さて、先行研究では、計画的離職であれば再就職先への満足度が高いという指摘や、初職における選択のやり直しとして、職種のミスマッチの解消につながるといったキャリア形成上のプラス面も指摘されている。本調査においても、現職への満足度などのいくつかの意識がわかる調査項目があるので、この点を検討する。

まず、離職が選択のし直しのプロセスであるなら、初職離職の理由となった事柄を改善するように現職を選択することになるだろう。そこで、離職理由として多かった2つの理由（「労働時間・休日・休暇の条件がよくなかった」「仕事が自分に合わない」）をとりあげ、これを理由として離職した人が、現職ではそれが改善しているのかを見てみたい。

労働時間に関する理由に対応するものとしては、現職における労働時間や休日などの条件への満足感の設問がある。図表5-8では、「労働時間・休日・休暇の条件がよくなかった」ことを初職離職の理由として挙げた人と理由として挙げなかった人を比べているが、男女ともこれを理由として挙げた人のほうが、現職については明らかに満足している人が多い。初職継続者に比べてもより満足している傾向がみられ、再就職にあたって選び

図表5-8 「労働時間・休日・休暇の条件がよくなかった」を初職離職理由とした人の現在の「労働時間・休日等の労働条件」への満足度

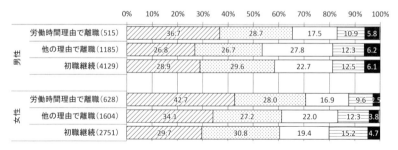

直しがおこなわれたと考えていいだろう[13]。

次に、「仕事が自分の合わない」という理由については、これを職種のミスマッチと考え、初職と現職の間に職種の変化があるかどうかで検討しよう。**図表 5-9** では、「仕事が自分に合わない」を理由として離職した人が、職種を転換しているかどうかをみているが、これも、仕事が合わないことを理由に離職した人は職種転換[14]をしている割合が高いことがわかる。選び直しとしての離職・再就職という側面は、このデータでも確認でき、離職にキャリア形成上のプラス面はあると思われる。

つぎに、離職の時期が早いことが現在の職業生活への満足度に影響しているかを検討する。**図表 5-10** では、初職を継続してきた人も含めて、全対象者についてみたものだが、男女とも、「満足」と「やや満足」の合計の割合は離職を経験していない「初職継続」で最も大きい。これを除いて、離職した者だけで比べると、男性では離職までの勤続期間が長いほど満足が多くなり、女性では勤続期間1年未満が低く、1～3年未満も3年以上はほぼ同じ水準で高い。1年未満での離職は職場への不満による後ろ向きの離職であるのに比べて、3年以上の勤続の場合はより次のステップを意識した離職理由であることを指摘したが、こうした違いがより満足のいく

図表 5-9 「仕事が自分に合わない」を初職離職理由とした人の現職職種の初職との一致状況

単位：%、太字は実数

		異なる職種	同一職種	合計(N)
男性	「仕事が合わない」が理由で離職	66.9	33.1	**123**
	他の理由で離職	57.9	42.1	**1,207**
	合計	60.2	39.8	**1,630**
女性	「仕事が合わない」が理由で離職	61.5	38.5	**426**
	他の理由で離職	48.5	51.5	**1,723**
	合計	51.1	48.9	**2,149**

[13] 労働政策研究・研修機構（2017）では、「労働時間・休日・休暇の条件がよくなかった」を理由として転職した若者の場合、離職した勤務先での週労働時間は男性で平均60.1時間、女性で平均55.7時間であったが、正社員として転職後の勤務先での労働時間はそれぞれ46.9時間、43.2時間と減少していることを明らかにしている。

[14] 調査で把握できるのは職業大分類レベルであり、かつ、個人の自己判断での職種であるので、かなり大雑把なものである。

図表 5-10　離職の有無、離職までの勤続期間別職業生活全体への満足感の構成比

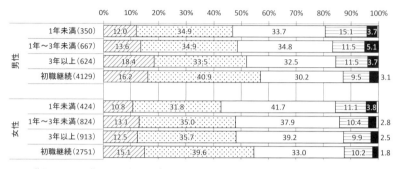

現職につながった可能性は大きい。

　では、現職を正社員と非正規雇用者に分けた時はどうか。さらに不本意非正規であればどうか。現在は正社員になっている人に限った結果が図表5-11の①である。図表5-10と大きくは変わらないが、男性の離職経験者では満足を感じている人が全体により多く、特に「3年以上」の人では「満足」が2割を超えている。一方女性では、「1年～3年未満」「3年以上」の人の満足感が下がっており、「満足」と「やや満足」を加えた結果は、1年未満の人との差がほとんどない。

　②は、非正規雇用の場合である。男性については正社員に比べて全体に不満の人が多い。短期勤続者ほど不満の人が多い傾向はあるが、「やや満足」を加えた時には差がはっきりしない。女性については、逆に「1年～3年未満」「3年以上」の人の「やや満足」が正社員より多く、1年未満の離職者との差は正社員の場合より大きい。女性の場合、離職までの期間が長い人ほど、離職の理由は結婚や子育てなどである傾向があったが、そのことが背景にあるだろう。

　③は不本意非正規に限った場合である。男性では1年未満の早い離職をした人で満足感が高く、女性では全体に満足を感じる人の割合が非正規全体より低い。この背景には、不本意非正規の男性の7割強（女性は5割強）が、現在の勤務先での正社員転換を望んでいることがある。職業生活全体

第5章：早期離職後の職業キャリア

図表 5-11 離職の有無、離職までの勤続期間別職業生活全体への満足感の構成比（現職就業状況別）

①正社員

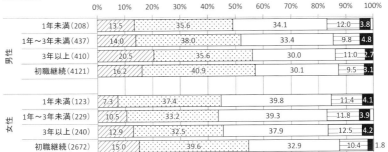

②非正規雇用者

③不本意非正規

0%　10%　20%　30%　40%　50%　60%　70%　80%　90%　100%

男性
- 1年未満（93）　11.8　39.8　26.9　16.1　5.4
- 1年～3年未満（147）　10.2　32.7　35.4　16.3　5.4
- 3年以上（162）　11.7　30.2　38.9　12.3　6.2

女性
- 1年未満（153）　9.2　28.8　37.9　18.3　5.2
- 1年～3年未満（293）　10.9　36.5　37.2　11.3　4.1
- 3年以上（323）　10.5　34.7　39.0　13.0　2.5

☑満足　□やや満足　□どちらでもない　□やや不満　■不満　□不詳　注：( )内の数字はN

への満足が得られる職場だから、同じ職場内での正社員転換を望んでいるということであろう。早期離職であったかどうかはあまり関係なくなる。

第 4 節　まとめ

本章では、「平成 25 年若年者雇用実態調査」の個票データを用いて、まず、早期離職の理由を中心にその特徴を検討した。次に、早期に離職したことのその後の就業への影響として、非正規雇用、特に不本意非正規であるかどうか、また、現職への満足度などの主観的評価を検討した。そこから、次のような点があきらかになった。

- 初職入職から離職までの期間を 1 年未満、1 年以上 3 年未満、3 年以上に分けて離職理由に違いがあるかを見ると、早い離職ほど職場のストレスやプレッシャーなどによる後向きの理由が多いが、3 年以上後の離職では、男性では次の職場探しにつながる比較的前向きの理由が多く、女性では職場の不満以外の理由（結婚・子育てなど）が多い傾向がある。
- 早期離職はサービス職や販売職などで多いが、その離職理由は職種による特徴があり、例えば、サービス職では労働時間・休日・休暇の問題を挙げることが非常に多く、販売職では、労働時間・休日、仕事が合わない、ノルマや責任が重すぎるという理由を挙げることが多い。
- 職種別の特徴は性・学歴別の早期離職の理由の違いにつながる。大学・大学院卒の男女では「労働時間・休日・休暇の条件がよくなかった」や「ノルマや責任が重すぎた」という離職理由が多いが、これは大卒離職者には販売職であった者が多いことが影響している。また、中学・高校卒男性で多い「仕事が自分に合わない」は生産工程職を離職した者が多いこと、女性の中学・高校卒、専門・短大卒で多い「人間関係がよくなかった」は事務職、専門・技術職を離職した者が多いことが影響している。
- 離職が早い場合ほど現職までの経験会社数は多い傾向があり、早期離職は不安定な雇用につながりやすい。
- 初職を離職した女性の 7 〜 8 割、同中学・高校卒男性の半数が、現職は

非正規雇用であった。不本意な非正規職に限っても、女性および中学・高校卒男性の3〜4割がこれにあたった。女性、および低学歴男性では、正社員就職のハードルが高いため、3年以上の勤続後の離職者でも不本意に非正規に就かざるを得ないのではないかと推測される。
- 離職理由に労働時間を挙げていた場合は、転職後の現職での労働時間への満足度が高く、仕事が合わないことを挙げていた場合、職種を転換していることが多いなど、再就職が選択のやり直しである面も見られた。
- 現在の職業生活への満足度については、男女とも離職までの勤続期間が1年未満の場合に低かった。1年未満での離職は職場への不満による後ろ向きの理由であることが多く、3年以上勤続後の場合はより次のステップを意識した離職理由であることと関係していると思われる。
- この満足度は、現職が正社員である男性で高い。特に3年以上勤続後に離職した人で高く、より短期の離職者との差が大きい。女性では逆に現職が非正規雇用であるほう高い傾向がみられた。初職の勤続期間が長い女性の場合、離職理由として「結婚や育児」などを挙げることが多く、非正規雇用を続けたいという意思を持つ人が多いことが背景にあると思われる。

以上の点を踏まえて、今後必要な政策の方向性を考えるなら、まず、早期離職後のキャリアは非正規雇用が多い不安定なものになる可能性が高まっているので、就職1年以内の離職は避けられるなら避けたほうがいい。そのためには、昨今成立した若年雇用促進法による応募先の情報開示を徹底することは効果的だと思われる。離職理由になりがちな労働時間や休日・休暇の情報、あるいはノルマや責任の範囲を含む仕事の内容についても積極的な開示が求められる。同時に、採用事業所には、こうした理由での離職を防ぐための人事管理上の対応が求められる。

早期離職後の再就職は選択のし直しというキャリア形成上、プラスの意味もある。在学中のキャリア教育などを通して、主体的な職業選択をする力を高めておくことは重要である。そこには、ワークルールについての知識やハローワークをはじめとする公的サービスの活用の方法などを具体的に理解することも含まれる。学校段階でのキャリア教育に対しての労働行

政からの積極的な支援が望まれる。

参考文献

小杉礼子・金崎幸子，2016,「早期離職とその後の就業状況」労働政策研究・研修機構『若年者のキャリアと企業による雇用管理の現状：「平成 25 年若年者雇用実態調査」より』JILPT 資料シリーズ No.171.

雇用職業総合研究所，1988,『青年期の職業経歴と職業意識―若年労働者の職業適応に関する追跡研究総合報告書』職研調査研究報告書 No.72.

日本労働研究機構，1992,『高卒 3 年目のキャリアと意識―初期職業経歴に関する追跡調査（第 2 回）より』調査研究報告書 No.28.

日本労働研究機構，1996,『高卒者の初期キャリア形成と高校教育―初期職業経歴に関する追跡調査結果』調査研究報告書 No.89.

日本労働研究機構，2003,『学校から職場へ―高卒就職の現状と課題』調査研究報告書 No.154.

労働政策研究・研修機構，2017,『若年者の離職状況と離職後のキャリア形成（若年者の能力開発と職場への定着に関する調査)』JILPT 調査シリーズ No.164.

終章 「個人化」される若者のキャリアへの支援

堀　有喜衣

第1節　本書の知見

　本書の知見について、章ごとに整理する。

　第1章においては、戦後日本における若年者雇用政策を7期に分類し、それぞれの時代区分における若年者雇用政策の特徴を探った。バブル崩壊以前には、新卒者（中卒者・高卒者）が「集団」からこぼれ落ちずに職業の世界に移行できるシステムを構築していたが、バブル崩壊後には労働市場における「弱者」となった若者への「個別」支援への転換が見られる。こうした転換は、若者の学歴構成が中卒・高卒から大卒者にシフトしたことによって、学校と行政のコントロールが弱まり「集団」への働きかけが難しくなったこと、他方で若年労働市場がより景気感応的になったという変化によってもたらされたものである。実態に対応して政策の観点からも、「集団」から「個人」にシフトしてきたことが窺える。

　第2章は、大学等中退者について検討した。新規学卒一括採用は所属集団を通じて「集団」としての移行を可能にしてきたが、大学等中退者の移行においてはほぼ同世代の若者であっても新卒学卒一括採用が適用されない、「個人化」された移行の事例を見なすことができる。移行プロセスが「個人化」された中退のような場合には、新規学卒一括採用においては自明な移行の「型」がなく模索期間が生じ、また所属集団がないことから周囲からの働きかけもなく、正社員への移行が円滑に進んでいなかった。したがって「個人化」された移行は個人に相当の負担をかけるものであることが推測される。

　第3章は、OECDにおいて今日有効なカテゴリーとして用いられているニート議論を整理している。近年のニートは「就業しておらず、学校にも職業訓練にも参加していない若者」を指し、年齢は15－29歳にまで広げ、「失業者」と「非活動層」に分類して検討される。「平成24年版就業構造基本調査」の二次分析によれば、OECD諸国に比べると日本のニートは高学歴層が多い。ただし低学歴層について分析すると、親の学歴や収入、無業世帯に暮らしていることなど、共通した要因が見出された。ニー

トは言うまでもないが社会的な「集団」に属しておらず「個人」としての移行を余儀なくされるため、相対的に家族の影響力が高まるものと推測される。低学歴のニートやその家族に対する支援は福祉政策とも連携しながら進めることが有効であることが推測される。

　第4章は、「新卒3年未満正社員」の早期転職希望について、若者の属性と雇用管理から探った。高学歴男性についてはすでに職場において長期勤続が期待され育成もされているため「職場定着不振」と理解されるが、特に高卒女性については若者が定着を望みながら雇用主はそうでなく、かつ教育訓練も不十分という「不本意離職」が引き起こされている。したがって政策的な支援は高卒女性に重点を置いて進めることが、若者自身のキャリアを向上させ、かつ主たる就職先である中小企業の若年労働力不足を補うことになる。また主に準専門職（介護や医療、教育等）となっている短大等卒者については転職・独立を目指す割合が高いが、これらの産業の就業環境は厳しく、「自律的な個人」としてのキャリアを想定することは難しい。それゆえ離職率が高い産業独自の問題に取り組むと共に、現在の「長期勤続」を前提とした様々な仕組みの見直しが欠かせない。

　第5章は、早期離職後のその後の就業状況を整理した。早い離職ほど労働時間・休日・休暇やノルマや責任の重さ等の理由が多く、現職への満足感が低い。他方で早期離職の理由別に見ると、労働時間を離職理由としていた場合には現職の労働時間の満足度が高く、仕事が合わないことを理由とした場合には職種を転換していた。また早期離職後の女性、高卒男性の現職は非正規が多かった。早期離職はキャリアの不安定さに結びつきやすいものの選択のしなおしという面も見られる。ただしこうしたキャリア探索は「個人」の「主体性」頼みの面があるため、在学中からの支援が必要である。

第2節　若者就労支援への示唆

　次に本書から導かれる示唆として、3点指摘したい。
　第一に、「集団」を通じた支援の再評価である。90年代半ば以降、実態

終章：「個人化」される若者のキャリアへの支援

においても政策的な支援においても「個人化」が進んできたが、移行の「個人化」は若者にとって課題が大きい。若者にとって「集団」に埋め込まれ、同世代の若者みなで共に移行すること、すなわち皆でリスクを分け合うことのメリットは小さくないことが窺えた。したがって実態としての移行が「個人化」される中で、「集団」を通じた支援を重視する方向性があらためて着目される。

例えば労働政策については言えば、高卒就職者について、多くの普通科では就職者の数が少なく「集団」を構成しないため、普通科の高卒就職者についてはハローワークが支援の中心を担い、地域の普通高校の就職者を「集団」化するなど、積極的に「集団」の力を活用していくことは一つの方向性である。また早期離職においても、中小企業においては新規学卒者の絶対数が少ないために職場に仲間集団が形成されなくなり、離職に結びつきやすいことがよく指摘されるが、職場への安定的な定着の為の「集団」形成（かつて大企業では同期集団の機能がよく言われたが）も重要であるかもしれない。

第二に、「若者」カテゴリーの引き直しであり、「若者」は誰かということである。これまでの労働政策において「若者」というのは年齢という変数によって表象されてきた。「勤労青少年福祉対策基本方針」における青少年の対象年齢の変遷を見てみると、第1次～第5次（1970年～1995年）までは「おおむね25歳未満」であったが、第6次～第7次（1996年～2005年）までは「おおむね30歳未満」、第8次～第9次（2006年～2015年）までは「35歳未満」となっている。2016年からは「青少年雇用対策基本方針」によると、「ただし、個々の施策・事業運用状況等に応じておおむね「四十五歳未満」についても、その対象とすることは妨げない」としている。なお地域若者サポートステーションにおいては、現在15～39歳が対象となっている。

労働政策が対象とする年齢が上昇した最大の理由は、不況期の1995年～2005年に学校を卒業したいわゆる「就職氷河期世代」が年齢を重ねたことに対応したものである。日本の若者に対する就労支援は「就職氷河期世代」の動向に依拠しながら立ち上がってきており、世代のサイズが大き

いこともあって日本社会にとっても大きな課題となっている。しかし「就職氷河期世代」の年齢は上がり、もはやどう考えても「若者」とは呼べない年齢となっており、「若者」概念の延長には限界が見えてきている。世代と年齢とを区別した支援が求められる。

「就職氷河期世代」が明らかに若者でなくなった今日において、あらためて「若者」カテゴリーの引き直しが必要ではないか。これは「若者」ではない層を支援から除外するのではなく、「就職氷河期世代」をはじめとして「移行の初期に困難を抱えた層」に対する支援と、現在「若者」である層との支援を区分するということである。そこで労働政策上の「若者」カテゴリーをどこに引くかということであるが大変悩ましい。すでに若者就労支援政策においては「35歳未満」としていることから、当面35歳未満とすることになろう。

今後は若者を同質的なカテゴリーとして見なすのではなく、若者間のカテゴリー（年齢層、学歴、性別、正社員経験等のキャリアに影響する変数）による差異に着目し、カテゴリーに応じたきめ細かい支援を行っていく方向性を検討することが望ましい。若者文化の研究者である浅野（2016）は「若者」という言葉に内包されている「同質性」が喪失したことを受け、「連辞符社会学（特定の分野を扱う社会学）」ならぬ「連辞符若者論」が提唱しているが、若者の非同質性に対応した「連辞符」若者就労支援が求められるようになるのではないだろうか。

第三に、労働政策と教育政策の架橋である。現在労働政策と教育政策とはそれぞれ異なる領域で進められている。しかし個人の側からは学校と労働市場とにまたがっていても連続した過程であり、移行期に生じる大きな段差をなだらかにしていくことが安定した移行に結びつくだろう。とりわけ諸外国においては学校が優位である状況から労働が優位となる状況に移り変わるゆるやかな過程を移行期と呼んでいることからすると、日本社会の学校から職業への移行は実に急激だと言える（堀 2016）。滝から落ちるような移行から小川が流れるようななだらかで安定した移行を目指した支援が必要である。

学校から職業への移行支援に当たっては、マッチングとカリキュラム

（教育内容）の両面から進めることになる（小杉・堀 2014）。具体的には、高校や大学等の学校と企業とのマッチングレベルでの情報共有を進めることであり、また教育内容については学校と産業界との連携ということになる。労働行政はもっぱらマッチングについて関わってきておりまだ道半ばではあるが、若者雇用促進法による職業情報の提供をはじめとして情報公開は進んでくるだろう。どのような情報公開がよりよいマッチングや安定した移行に結びつくのかについて、あらためて検討が必要とされる。さらに今後は労働行政が学校と企業との教育内容のコーディネーションにいかに関与できるかが次の政策の焦点になるだろうが、その際には職業能力開発行政の経験が生かされることが期待される。

　本書は実証的な分析を通じて、学校から職業への移行が、中退、早期離職、高学歴化等の経歴によるカテゴリーごとの差異によって「個人化」されるというメカニズムが労働政策にとって看過できないことを浮き彫りにしてきた。移行が「個人化」されることは若者の移行過程の迷いや遅れを引き起こし、安定した状態に至りにくい大きな要因となるからである。ただし「個人化」の課題は移行過程にのみ噴出しているわけではなかろう。それゆえ若者の「個人化」現象をどのように食い止めるのかは労働政策の問題に留まらず、日本社会の課題と捉えるべきなのかもしれない。

参考文献

浅野智彦, 2016,「はしがき」川崎賢一・浅野智彦編著『＜若者＞の融解』勁草書房.

小杉礼子・堀有喜衣，2014,『高校・大学の未就職者に対する支援』勁草書房.

堀有喜衣, 2016,『高校就職指導の社会学－「日本型」移行を再考する－』勁草書房.

堀有喜衣，近刊,「若者のキャリア－学校から職業への移行における変化」労働政策研究・研修機構編『日本の雇用システムの行方』.

堀有喜衣，近刊,「第3章　若者とトランジション－学校から職業への

移行研究の現在」日本教育社会学会『教育社会学のフロンティアⅡ 変容する社会と教育のゆくえ』岩波書店.

付属資料

付表1-1　若年者雇用政策の流れ

指標、時代背景	法律、施策
戦後改革期（1945年～1950年代半ば）	
第1次ベビーブーム（1947～1949） 高校進学率50％ライン到達（1954）	職業安定法（1947）、失業保険法（1947） 職業安定法改正（学校が職業紹介業務の一部を分担）（1949）
高度経済成長期（1950年代半ば～1970年代当初）	
中卒就職者ピーク（86.5万人）（1957） 国民所得倍増計画（1960） 高校進学率70％ライン到達（1965） 学卒就職者数ピーク（160.2万人）（1966） 高卒就職者数ピーク（94.3万人）（1968） 高齢化率7％到達（高齢化社会）（1970） 就職者の学歴別構成（中卒19.8％、高卒59.6％、高等教育20.6％）（1970） 第2次ベビーブーム（1971～1974）	職業訓練法（1958） 雇用対策法（1966） 第1次雇用対策基本計画（1967）
経済調整・安定成長期（1973年オイルショック～1980年代半ば）	
大学・短大進学率3割超え（1973） オイルショック（1973） 高校進学率90％ライン到達（1974） 高等教育進学率50％ライン到達（1978） プラザ合意、円高（1985）	雇用保険法（1974） 職業能力開発促進法（1985） 労働者派遣法（1985） 男女雇用機会均等法（1985）
バブル経済期（1980年代半ば～1990年代半ば）	
地価高騰（1986） バブル景気（1987） 地価下落始まる（1991） 学卒就職者数第2ピーク（144.6万人）（1991）	育児休業法（1991） 「コース別雇用管理の望ましいあり方」公表（1991）

トピックス
労働省創設（1947） 新規学卒者の就職難に対応し、需給調整会議、就職促進強調運動などを展開 （1947頃～1950年代）
新規中卒者の集団就職（1950年代半ば～） 文部・労働両次官連名通達により高等学校・中学校新規卒業者の推薦開始時期を設定 （1950年代後半～） 高等専門学校の創設（1961） 集団就職の全国的「計画輸送」の開始（1962年度～） 暫定制度であった短期大学を恒久的制度に改正（1964） 新規高卒求人票に対する安定所での受付・確認の仕組みの開始（1970年度～）
専修学校制度の発足（1976） 学生職業センター（東京、大阪）発足（1976）
臨時教育審議会最終答申、「教育改革推進大綱」閣議決定（1987） 「フリーター」という言葉が使われ始める（1987）

指標、時代背景	法律、施策
就職氷河期（1990年代半ば〜2000年代半ば）	
「就職氷河期」（1993〜2005）	パートタイム労働法（1993） 「新規学校卒業者の採用に関する指針」策定（1993） 「雇用支援トータルプログラム」発表（1993）
高齢化率14％到達（高齢社会）（1994）	高齢法改正（60歳定年義務化）（1994）
阪神・淡路大震災（1995年1月）	育児休業法改正（育児・介護休業法に改称）（1995） 「緊急円高・経済対策」策定（1995）
アジア通貨危機、金融・証券倒産多発（1997）	均等法改正（雇用管理の各ステージにおいて女性に対する差別禁止）（1997）
大卒就職者数が高卒超え（1998）	「緊急雇用開発プログラム」策定（1998） 「雇用活性化総合プラン」策定（1998）
完全失業率急上昇（1999）	改正均等法施行（4月）により男女別求人は不可（1999） 派遣法改正（対象業務拡大）（1999） 「緊急雇用対策及び産業競争力強化対策」策定（1999）
高等教育機関進学率70％ライン到達（2000）	コースで区分した雇用管理に関する留意事項（2000）
大卒求人倍率の底（0.99）（2000）	紹介予定派遣の運用解禁（2000） 総合雇用対策（2001）

付　表

トピックス
第1回フレッシュマンUターンフェア開催（1993） 大臣が新規学卒者の採用拡大を主要経済団体へ訪問要請（1993） 「雇用問題に関する関係閣僚会合」開催（1993） 総理大臣を本部長とする「緊急雇用問題等対策本部」設置（1994） 学生職業センターに「未就職卒業者相談コーナー」設置（1994） 東京ドームにおいて首都圏就職面接会開催（1994） 総理大臣を本部長とする「産業構造転換・雇用対策本部」設置（1994） 震災に係る新卒者の内定取消しの回避等を主要経済団体に要請（1995） 大学等新卒者求人一覧表の作成及び閲覧開始（1995） 阪神・淡路大震災に係る被災学生就職支援面接会開催（1995） 学生職業相談室設置（学生職業センター未設置の41府県、1995） 女子学生の就職問題に関する特別相談窓口設置（1996） 連合・日経連共同で総理大臣に新産業、雇用創出に関する申し入れ（1996） 日経連、次年度からの就職協定廃止方針を決定（1996） インターンシップに関する基本的考え方を3省でとりまとめ（1997） 山一証券等雇用問題連絡協議会設置（1997） 学生職業センター・学生職業相談室に内定取消し相談窓口設置（1997） 「インターンシップ等学生の就業体験のあり方に関する研究会」報告（1998） 経済団体代表者と「新規学卒者の就職問題に関する懇談会」を開催（1998） 大臣が未就職卒業者の就職促進を経済団体に要請（1999） 学生職業総合支援センター設置（1999） 中教審答申「初等中等教育と高等教育の接続の改善について」（キャリア教育について位置づけ）（1999） 都道府県労働局設置（2000）   厚生労働省発足（2001） ヤングハローワークプラザの設置（2001） 若年者トライアル雇用事業開始（2001）

指標、時代背景	法律、施策
年齢計失業のピーク（5.4％、359万人）（2002）	
学卒未就職者数ピーク（労働力調査で20万人）（2003）	労働基準法改正（解雇ルール、有期契約見直し）（2003）
フリーター数ピーク（217万人）（2003）	労働者派遣法改正（製造業務解禁、紹介予定派遣の運用明確化）（2003）
若年失業率ピーク（15～24歳　10.1％）（2003）	少子化対策大綱、子ども・子育て応援プラン（2004）
合計特殊出生率1.26（2005）（現時点の底）	「フリーター20万人常用雇用化プラン」（2005）
	「フリーター25万人常用雇用化プラン」（2006）
リーマンショックを経て雇用回復期へ（2000年代半ば～2012年頃）	
高齢化率21％到達（超高齢社会）（2007）	雇用対策法改正（募集・採用年齢制限禁止の義務化）（2007）
	「青少年雇用機会確保指針」施行（2007）
リーマンショック（2008年9月）	新雇用戦略（2008）
4年制大学進学率50％ライン到達（2009）	職業安定法施行規則改正（内定取消し企業名公表措置）（2009）
政権交代（2009年9月）	「新成長戦略（基本方針）」（2009）
就職氷河期の再来（2010～2013）	
就職者の学歴別構成（中卒0.7％、高卒21.4％、高等教育77.9％）（2010）	「青少年雇用機会確保指針」改正（卒業後3年間は新卒枠での応募を可能とすること等）（2010）

トピックス
「高卒者の職業生活の移行に関する調査研究会」最終報告（2002）、その後都道府県単位での検討会議へ（1人1社制の見直しなど）
高卒者就職支援システムの全国展開（2002）
雇用問題に関する政労使合意（2002）
若者自立・挑戦プラン（2003）
「若年者キャリア支援研究会報告書」（2003）
ジョブカフェ設置開始（2004）
「キャリア教育の推進に関する総合的調査研究協力者会議報告書」（2004）
若年者雇用対策室設置（2004）
「若年者向けキャリア・コンサルティング研究会」報告（2004）
「ニート」という言葉が使われ始める（2004）
「インターンシップ推進のための調査研究委員会」報告書（2005）
「若者の人間力を高めるための国民会議」発足（2005）
「若者自立塾」事業の開始（2005）
「再チャレンジ推進会議」設置、「中間とりまとめ」（新卒一括採用システムの見直しなど）（2006）
地域若者サポートステーション（サポステ）事業開始（2006）
「成長力底上げ戦略推進円卓会議」設置（2007）
「ブラック企業」という言葉が広がる（2007）
ジョブ・カード制度本格実施（2008）
内定取消し特別相談窓口の設置（2008）
緊急雇用対策本部の設置（派遣・期間工等への支援）、年末緊急職業相談の実施、年越し派遣村（2008）
雇用安定・創出の実現に向けた政労使合意（2009）
「雇用戦略対話」の開催（2009）
「子ども・若者ビジョン」策定（2010）

指標、時代背景	法律、施策
東日本大震災（2011年3月）	特定求職者支援法（2011）
大卒等就職内定率過去最低（91.0%）（2011）	第9次勤労青少年福祉対策基本方針（2011）
	労働契約法改正（2012）
	派遣法改正（2012）
	高齢法改正（継続雇用対象者の限定廃止）（2012）
政権交代（2012年12月）	

人手不足基調の中の多様化（2013年～）

	「日本再興戦略」（2013）
	「日本再興戦略」改訂2014（2014）
	「日本再興戦略」改訂2015（2015）
	「青少年の雇用の促進等に関する法律」（勤労青少年福祉法等の一部を改正する法律）（2015）
高校生の就職内定率99.1%（25年ぶりの水準）	「日本再興戦略2016」（2016）
大学卒業者の就職内定率97.3%（調査開始の1997年以来最高の水準）（2016年3月卒）	「ニッポン一億総活躍プラン」（2016）
大学進学率52.0%（過去最高）、高等教育機関進学率80.0%（2016）	

注：高校進学率は通信課程を除く。高等教育機関進学率は専修学校を含む。進学率は過年度卒業者
　　会議・行事等の開催や複数年度にわたる施策・事業は初回あるいは主要なものをあげた。

資料出所：大卒求人倍率はリクルートワークス研究所、その他は政府統計（学校基本調査、労働力
　　　　　トピックスについては政府刊行物（白書、要覧、広報誌等）、各省HP（審議会・研究会

トピックス
中央教育審議会答申「今後の学校におけるキャリア教育・職業教育の在り方について」(2011) 非正規雇用のビジョンに関する懇談会報告「望ましい働き方ビジョン」(2012) 若者雇用戦略（2012） 学生用ジョブ・カード様式活用開始（2012） 「非正規雇用労働者の能力開発抜本強化に関する検討会」報告書（2012）
若者応援企業宣言事業（2013） 若者の「使い捨て」が疑われる企業への「過重労働重点監督月間」(2013) 「未来を支える人材力強化（雇用・教育施策）パッケージ」（厚生労働省・文部科学省）(2015) 大卒者等の採用選考日程の後ろ倒し（2016年3月新卒者）(2015) 大卒者等の採用選考日程の一部前倒し（2017年3月新卒者）(2016)

を含む。法律、法改正は原則として成立年。

調査、職業安定業務統計、人口動態統計等)。
資料、報道発表等)、「職業安定行政史」等を参照した。

付表 4-1　新卒 3 年未満正社員と勤続 3 年未満既卒正社員の抽出過程概念図

調査対象事業所に勤続3年未満の正社員　3,448人				
15～29歳　2,987人				
(うち、問5-1と問8-1のいずれか、または両方が不詳　12人)				
		問5-1 現職で正社員になった経緯		
問8-1 最終学校卒業から1年間の状況		卒業後1年以内に勤務	その他の経緯	
	正社員	新卒3年未満正社員 2,220人 (本書第4章分析対象)	401人	
	その他	勤続3年未満既卒正社員① 10人	344人	

問12 卒業後初めて勤務した会社で現在も働いて	いる	勤続3年未満既卒正社員② 116人	
	いない	問13-3　初めて勤務した会社に何年勤務しましたか	
		3 年未満	勤続3年未満既卒正社員③ 407人
		3年以上	152人
		不詳	70人

※設問番号は全て厚生労働省「平成25年若年者雇用実態調査」の個人調査のもの
※付表 4-5,6,8,9 に記載された、勤務先事業所が期待する勤続期間・主な育成方針・育成方法は、問 5-1 に基づき、勤続 3 年未満既卒正社員①については「新卒採用した若年正社員」、②③については「中途採用した若年正社員」に対する雇用管理に関する事業所の回答を用いた。

付表 4-2　転職希望と転職希望時期別勤続 3 年未満既卒正社員数（性・学歴別）

		今後、定年前に転職したいと思いますか。							
		思っている				思っていない	わからない	不詳	計
		29歳以下	30歳以上	未定	不詳				
男性	中学卒	1	0	0	1	2	2	6	0	10
	高校卒	6	3	2	1	12	30	45	1	88
	短大等卒	5	4	0	2	11	19	20	1	51
	大学・院卒	10	17	7	5	39	73	67	1	180
女性	中学卒	0	0	0	0	0	0	4	0	4
	高校卒	3	6	1	1	11	9	23	0	43
	短大等卒	8	3	2	0	14	8	24	0	46
	大学・院卒	13	7	2	8	30	38	41	2	111

※「勤続3年未満既卒正社員」＝調査対象事業所での勤続期間が3年未満の15～29歳の非在学正社員のうち以下に該当する人。①最終学歴卒業から1年間の主な状況が「正社員以外の労働者として勤務した」か「働いていなかった」で、現職で正社員になった経緯が「学校を卒業して1年以内に正社員として現在の会社に勤務した」10人、②現職で正社員になった経緯が「学校を卒業して1年以内に正社員として現在の会社に勤務した」以外で、卒業後初めて正社員として勤務した会社である116人、③現職で正社員になった経緯が「学校を卒業して1年以内に正社員として現在の会社に勤務した」以外で、卒業後初めて正社員として勤務した会社（≠現職）での勤続期間が3年未満の407人。

付表

付表 4-3　勤務先規模、産業、職種別勤続 3 年未満既卒正社員数・早期転職希望者数（性・学歴別）

		男性 高校卒		男性 短大等卒		男性 大学・院卒		女性 高校卒		女性 短大等卒		女性 大学・院卒	
事業所規模	1,000人以上	3		5	(1)	13	(1)	1		5	(2)	18	(1)
	100～999人	11		16	(1)	69	(2)	11		12	(1)	39	(4)
	5～99人	74	(6)	30	(3)	98	(7)	31	(3)	29	(5)	54	(8)
企業規模	1,000人以上	13		12	(1)	64	(1)	10		15	(2)	49	(1)
	100～999人	19	(1)	21	(2)	69	(4)	15	(1)	9	(1)	37	(8)
	5～99人	56	(5)	18	(2)	47	(5)	18	(2)	22	(5)	25	(4)
産業	鉱業, 砕石業, 砂利採取業	9		4		5		1		1		1	
	建設業	7		3		7				3		2	(1)
	製造業	25	(4)	10		24	(3)	7	(1)	8	(3)	6	(2)
	電気・ガス・熱供給・水道業	4		2		19		2				5	
	情報通信業	2		3		9	(1)			2		6	
	運輸業, 郵便業	9	(1)	3		6	(1)	1		3	(1)	8	(1)
	卸売業	3		1		5		2		2		4	
	小売業	3				1	(1)	2		1		2	
	金融業・保険業					3		2		2		1	
	不動産業・物品賃貸業	2		1		10		1	(1)			2	(1)
	学術研究, 専門・技術サービス業	5		1		12		1		2	(1)	5	
	宿泊業, 飲食サービス業	2		5	(1)	5		5		2		6	(1)
	生活関連サービス業, 娯楽業	3		2	(1)	1		4		2			
	教育, 学習支援業	3		4		35	(3)	2		7		27	(2)
	医療, 福祉	5	(1)	8	(2)	17		9	(1)	10	(1)	21	(3)
	複合サービス事業	1		2		13	(1)			1	(1)	7	(1)
	サービス業(他に分類されないもの)	5		2	(1)	8		2		2	(1)	4	
職種	管理的な仕事	1		1		7						1	
	専門的・技術的な仕事	19	(1)	16	(2)	63	(6)	3	(1)	14	(2)	35	(4)
	事務的な仕事	7	(1)	8		72		23		22	(5)	56	(7)
	販売の仕事	7		2		10		3		4		2	
	サービスの仕事	12		13	(2)	9		8	(1)	3	(1)	13	(1)
	保安の仕事	2		1	(1)	2		1				1	
	生産工程の仕事	20	(2)	7		8	(3)	3	(1)	2		1	
	輸送・機械運転の仕事	6		1		3	(1)					2	
	建設・採掘の仕事	10		2		4							
	運搬・清掃・包装等の仕事	2	(1)			2	(1)						
	その他の仕事	1											

※丸カッコ内の値は早期転職希望者数

付表 4-4　勤続 3 年未満既卒正社員数の週実労働時間と月額賃金の平均値（性・学歴・転職希望別）

		男性						女性					
		月額賃金(万円)			週実労働時間			月額賃金(万円)			週実労働時間		
早期転職希望		なし	あり	全体	なし	あり	全体	なし	あり	全体	なし	あり	全体
高校卒	平均値	20.2	18.3	20.1	44.9	*54.0	45.5	16.5	14.2	16.3	41.9	50.0	42.4
	標準偏差	6.21	4.92	6.09	9.64	11.26	9.85	5.80	5.77	5.76	6.79	12.99	7.43
	N	80	6	87	81	5	87	40	3	43	40	3	43
短大等卒	平均値	21.2	20.5	21.1	45.3	50.5	46.1	18.4	16.3	18.1	42.2	42.5	42.2
	標準偏差	5.57	7.58	5.68	8.03	9.59	8.28	5.63	3.54	5.35	6.61	3.78	6.17
	N	43	5	49	39	5	45	37	8	45	38	8	46
大学・院卒	平均値	22.3	21.0	22.2	45.4	49.5	45.6	20.4	17.9	20.1	42.3	41.3	42.3
	標準偏差	4.69	6.69	4.86	8.93	11.71	9.10	4.62	3.20	4.56	7.47	9.33	7.62
	N	163	10	174	163	10	174	93	13	108	94	13	109
全学歴	平均値	21.5	20.1	21.4	45.2	*50.9	45.6	19.1	*16.9	18.8	42.2	42.8	42.3
	標準偏差	5.35	6.25	5.42	8.99	10.71	9.18	5.36	3.70	5.24	7.09	8.51	7.23
	N	286	21	310	283	20	306	170	24	196	172	24	198

※全学歴には中学卒を含まない
※平均値に差があると統計的にいえる場合、早期転職希望者の値に印をつけた（***p＜.001 **p＜.01 *p＜.05）
※早期転職希望「あり」＝29 歳以下での転職を希望する勤続 3 年未満既卒正社員。「なし」＝その他の勤続 3 年未満既卒正社員
※月額賃金は無回答と「支給がない」、週実労働時間は無回答と「働いていなかった」と答えたケースを除いた上で図表 4-3 と同じ手順で算出

付表 4-5　勤務先の期待する勤続期間・人材育成方針・育成方法、若者の将来の職業生活について望ましいと思うコース別勤続 3 年未満既卒正社員数・早期転職希望者数（性・学歴別）

		男性			女性		
		高校卒	短大等卒	大学・院卒	高校卒	短大等卒	大学・院卒
期待する勤続期間	定年未満	20 (4)	7 (1)	34 (5)	9 (1)	16 (4)	29 (4)
	定年まで	53 (1)	39 (3)	111 (3)	21 (1)	25 (3)	46 (6)
	職種・労働者によって違う	9 (1)	3 (1)	15 (2)	10 (1)	4 (1)	18 (3)
主な育成方針	長期的な教育訓練等	43 (2)	24 (3)	87 (3)	14 (1)	25 (4)	54 (4)
	短期的な研修等	15 (3)	12 (0)	37 (2)	13 (2)	16 (4)	29 (8)
	研修等行わず社員自身に任せる	12 (0)	7 (1)	18 (3)	6 (0)	2 (0)	2 (1)
	その他	2 (0)	3 (1)	9 (0)	1 (0)	(0)	2 (0)
育成方法(MA)	OFF-JT	27 (2)	15 (2)	76 (3)	14 (1)	13 (3)	52 (5)
	OJT	57 (3)	34 (4)	127 (8)	30 (3)	31 (6)	80 (10)
	ジョブローテーション	18 (1)	8 (1)	53 (3)	11 (2)	12 (3)	41 (6)
	自己啓発支援	22 (1)	20 (4)	79 (5)	14 (1)	16 (2)	52 (5)
望ましいと思うコース	一社勤続型	63 (1)	32 (4)	112 (3)	25 (3)	32 (3)	76 (5)
	転職・独立型	20 (4)	16 (4)	60 (6)	15 (0)	11 (5)	28 (6)
	その他	4 (1)	1 (0)	7 (1)	3 (0)	3 (0)	5 (2)

※丸カッコ内の値は早期転職希望者数

付　表

付表 4-6　勤務先と若者本人のキャリア形成環境の安定性に対する認識の組合せ別勤続 3 年未満既卒正社員数・早期転職希望者数（性・学歴別）

			期待する 勤続期間	望ましいコース 一社　　転職・ 勤続型　独立型		主な 育成方針		望ましいコース 一社　　転職・ 勤続型　独立型	
男性	高校卒 (N=82)	定年まで 離職想定	40 (0) 19 (1)	8 (0) 10 (4)	高校卒 (N=86)	長期育成 短期放任他	29 (0) 19 (0)	10 (2) 9 (2)
	短大等卒 (N=49)	定年まで 離職想定	28 (1) 2 (0)	9 (2) 7 (2)	短大等卒 (N=50)	長期育成 短期放任他	17 (1) 12 (0)	6 (2) 8 (2)
	大学・院卒 (N=160)	定年まで 離職想定	77 (1) 23 (2)	30 (2) 22 (4)	大学・院卒 (N=167)	長期育成 短期放任他	53 (1) 42 (2)	29 (2) 19 (4)
女性	高校卒 (N=40)	定年まで 離職想定	14 (1) 9 (1)	7 (0) 7 (0)	高校卒 (N=42)	長期育成 短期放任他	10 (1) 10 (0)	1 (0) 10 (0)
	短大等卒 (N=45)	定年まで 離職想定	19 (2) 12 (1)	4 (1) 7 (4)	短大等卒 (N=45)	長期育成 短期放任他	19 (3) 10 (0)	5 (1) 6 (4)
	大学・院卒 (N=93)	定年まで 離職想定	30 (3) 35 (2)	14 (2) 10 (4)	大学・院卒 (N=99)	長期育成 短期放任他	36 (1) 25 (4)	15 (1) 8 (5)

※丸括弧内の値は早期転職希望者数
※N は各学歴の勤続 3 年未満既卒正社員の総数から、回答者が若年正社員であるにも関わらず、勤務先事業所による「若年正社員に期待する勤続期間」「育成方針」への回答が「該当する労働者はいない」であった者を除いた数。N には若者自身の「将来の職業生活において望ましいと思うコース」が「不詳」「その他」である者、勤務先事業所の「期待する勤続期間」が「不詳」の者、「主な育成方針」が「その他」「不詳」の者を含むため、内訳数の合計とは一致しない。

付表 4-7　勤続 3 年未満既卒正社員の早期転職希望の規定要因に関するロジスティック回帰分析の結果概要（性・学歴別）

分析対象： 勤続3年未満既卒正社員		男性			女性		
		高校卒	短大等卒	大学・院卒	高校卒	短大等卒	大学・院卒
モデル1	-2 対数尤度			39.959		29.378	33.182
	χ2			24.886 *		9.736	31.176 **
	Nagelkerke R2 乗			.446		.352	.583
	N	61	33	126	29	38	81
モデル2	-2 対数尤度			39.850		17.545	34.559
	χ2			24.995		21.568	29.799 **
	Nagelkerke R2 乗			.447		.674	.561
	N	61	33	126	29	38	81

※最終解が求められなかったモデルを網掛した

付表 4-8 勤続 3 年未満既卒正社員の早期転職希望の規定要因（モデル 1）

モデル1 期待する勤続期間と望ましいコースのズレ 従属変数：早期転職希望あり=1、なし=0		男性 全学歴			男性 全学歴		
	-2 対数尤度	80.291			81.452		
	χ2	29.230			28.069		
	Nagelkerke R2 乗	.317			.305		
	N	220			220		
		B	p	Exp(B)	B	p	Exp(B)
最終学歴	短大等卒	-17.955		.000			
ref:高校卒	大学・院卒	.348		1.417			
企業規模	5〜99人	.747		2.111	.791		2.205
ref:1,000人以上	100〜999人	1.440		4.220	1.482		4.403
産業	鉱・砕石・砂利採取						
	建設	-17.314		.000	-17.283		.000
ref:脚注参照	製造	1.141		3.131	.945		2.573
	電気・ガス・熱供給・水道						
	情報通信	.217		1.242	.389		1.476
	運輸、郵便	2.119		8.321	2.007		7.444
	卸売						
	小売						
	金融・保険						
	不動産・物品賃貸						
	学術研究, 専門・技術サービス						
	宿泊, 飲食サービス	.437		1.548	.365		1.440
	生活関連サービス, 娯楽						
	教育, 学習支援	1.732		5.652	1.704		5.498
	医療, 福祉	.918		2.505	.812		2.252
	複合サービス事業	1.136		3.115	1.177		3.244
	その他サービス	2.556		12.885	2.359		10.581
月額賃金（税込）		-.018		.982	-.016		.984
週実労働時間		.032		1.033	.037		1.037
勤続期待×望ましいコース	離職想定×一社勤続型	1.045		2.844	1.082		2.949
ref:定年まで×一社勤続型	離職想定×転職・独立型	3.317	**	27.578	3.206	**	24.688
	定年まで×転職・独立型	1.855		6.389	1.790		5.991
育成方針：長期育成（ref:短期的研修、放任、他）		-.506		.603	-.473		.623
育成方法(MA)	OFF-JT	-.272		.762	-.266		.767
ref:非選択	ジョブローテーション	.215		1.240	.249		1.282
	自己啓発への支援	.115		1.121	.131		1.140
定数		-7.096	**	.001	-7.148	**	.001

*** p＜.001 ** p＜.01 *p＜.05
※全学歴の分析対象者から中学卒を除いた
※ケース数 11 以上かつ他の独立変数と多重共線性の問題を生じさせない産業を投入し、それ以外の産業を
※女性の大学・大学院卒では「1,000 人以上」企業に勤務する人が著しく少なくモデルが安定しないため、
※勤続期間、育成方針、育成方法については付表 4-1 の脚注を参照
※参照カテゴリを空白、当該モデルに投入されていない独立変数を網掛で示した

付　表

	男性			女性			女性			女性		
	大学・院卒			全学歴			全学歴			大学・院卒		
	39.959			92.588			96.069			33.182		
	24.886	*		31.838	*		28.357	*		31.176	**	
	.446			.340			.307			.583		
	126			148			148			81		
	B	p	Exp(B)	B	p	Exp(B)	B	p	Exp(B)	B	p	Exp(B)
				.913		2.492						
				1.309		3.702						
	1.025		2.787	2.090	*	8.085	1.995		7.354	.563		1.756
	1.994		7.344	1.149		3.156	1.392		4.022			
	3.568	*	35.454	1.615	*	5.026	1.540	*	4.663			
				2.291		9.884	1.901		6.690			
				-1.588		.204	-1.399		.247			
	3.156	*	23.484	.413		1.511	.570		1.769	3.557		35.067
				.797		2.220	.552		1.737	3.013	*	20.342
	2.417		11.212									
	-.032		.969	-.117		.889	-.063		.939	-.512	*	.599
	.049		1.051	.040		1.040	.024		1.025	.091		1.095
	3.765	*	43.173	-.009		.991	.139		1.150	-.452		.636
	5.638	*	280.966	1.510		4.527	1.279		3.592	4.748	*	115.398
	2.369		10.688	.313		1.368	.462		1.587	1.552		4.721
	-1.986		.137	-1.199		.302	-.998		.369	-2.900	*	.055
	-.778		.459	-.465		.628	-.326		.722	-2.537		.079
	-.172		.842	.789		2.200	.829		2.291	.168		1.183
	.245		1.278	-.093		.912	-.153		.859	.363		1.437
	-9.236	*	.000	-3.927		.020	-3.531		.029	2.653		14.198

参照カテゴリとした（全モデルともケース数0の産業はない）
企業規模に関する独立変数を「5～99人」ダミーのみとした

159

付表 4-9　勤続 3 年未満既卒正社員の早期転職希望の規定要因（モデル 2）

モデル2　育成方針と望ましいコースのズレ 従属変数：早期転職希望あり=1, なし=0		男性 全学歴			男性 全学歴		
	-2 対数尤度	80.346			81.493		
	χ2	29.174			28.027		
	Nagelkerke R2 乗	.317			.305		
	N	220			220		
		B	p	Exp(B)	B	p	Exp(B)
最終学歴	短大等卒	-17.988		.000			
ref:高校卒	大学・院卒	.324		1.383			
企業規模	5〜99人	.790		2.203	.813		2.255
ref:1,000人以上	100〜999人	1.424		4.154	1.464		4.322
産業	鉱・砕石・砂利採取						
	建設	-17.283		.000	-17.271		.000
ref:脚注参照	製造	1.103		3.015	.913		2.491
	電気・ガス・熱供給・水道						
	情報通信	.210		1.234	.364		1.439
	運輸, 郵便	2.053		7.793	1.954		7.055
	卸売						
	小売						
	金融・保険						
	不動産・物品賃貸						
	学術研究, 専門・技術サービス						
	宿泊, 飲食サービス	.493		1.637	.395		1.485
	生活関連サービス, 娯楽						
	教育, 学習支援	1.708		5.519	1.695		5.446
	医療, 福祉	.815		2.259	.731		2.076
	複合サービス事業	1.105		3.019	1.148		3.153
	その他サービス	2.383		10.838	2.240		9.395
月額賃金(税込)		-.019		.981	-.017		.983
週実労働時間		.033		1.033	.037		1.037
期待する勤続期間	定年まで	-1.254		.285	-1.270		.281
ref:定年未満	職種・労働者によって異なる	.117		1.124	.034		1.035
育成方針×望ましいコース	短期促成or放任×一社勤続型	.425		1.530	.395		1.485
ref:長期育成 ×一社勤続型	短期促成or放任×転職・独立型	2.518	*	12.400	2.393	*	10.951
	長期育成×転職・独立型	1.934		6.914	1.849		6.353
育成方法	OFF-JT	-.267		.766	-.253		.777
(MA)	ジョブローテーション	.208		1.231	.239		1.270
ref:非選択	自己啓発への支援	.138		1.148	.144		1.155
定数		-6.367	*	.002	-6.355	*	.002

***p＜.001 **p＜.01 *p＜.05
※全学歴の分析対象者から中学卒を除いた
※ケース数11以上かつ他の独立変数と多重共線性の問題を生じさせない産業を投入し、それ以外の産業を
※女性の大学・大学院卒では「1,000人以上」企業に勤務する人が著しく少なくモデルが安定しないため、
※勤続期間、育成方針、育成方法については付表4-1の脚注を参照
※参照カテゴリを空白、当該モデルに投入されていない独立変数を網掛で示した

付　表

男性			女性			女性			女性		
大学・院卒			全学歴			全学歴			大学・院卒		
39.850			93.052			96.140			34.559		
24.995			31.374	*		28.286	*		29.799	**	
.447			.336			.306			.561		
126			148			148			81		
B	p	Exp(B)	B	p	Exp(B)	B	p	Exp(B)	B	p	Exp(B)
			1.025		2.787						
			1.151		3.162						
1.181		3.257	2.137	*	8.470	2.048		7.751	.678		1.969
1.951		7.033	1.278		3.588	1.460		4.307			
3.671		39.286	1.517		4.558	1.510		4.525			
			2.403		11.060	2.020		7.542			
			-1.508		.221	-1.404		.246			
3.042	*	20.939	.436		1.546	.611		1.843	3.197		24.468
			.626		1.871	.458		1.582	2.986		19.799
2.733		15.373									
-.034		.967	-.112		.894	-.066		.936	-.412	*	.662
.058		1.060	.039		1.040	.025		1.025	.081		1.085
-3.444	*	.032	-.244		.784	-.268		.765	.230		.794
.524		1.689	.548		1.730	.395		1.484	1.395		4.037
2.376		10.761	1.136		3.115	.941		2.562	2.715		15.107
4.369		79.000	2.189	*	8.926	1.849	*	6.357	5.953	**	384.852
2.704		14.945	.780		2.182	.734		2.083	1.463		4.319
-1.013		.363	-.511		.600	-.390		.677	-2.713		.066
-.038		.963	.898		2.455	.900		2.459	.870		2.387
.147		1.158	-.073		.930	-.145		.865	.075		1.078
-8.451		.000	-5.102		.006	-4.385		.012	-1.674		.187

参照カテゴリとした（全モデルともケース数0の産業はない）
企業規模に関する独立変数を「5～99人」ダミーのみとした

161

付表 4-10　男性新卒 3 年未満正社員の早期転職希望の規定要因

男性　従属変数：早期転職希望あり＝1,なし＝0		全学歴		
	-2 対数尤度	632.322		
	χ2	163.876	***	
	Nagelkerke R2 乗	.268		
	N	1,104		
		B	p	Exp(B)
企業規模	5〜99人	-.109		.897
ref:1,000人以上	100〜999人	.268		1.308
産業	鉱・砕石・砂利採取	-.240		.786
	建設	-.112		.894
ref:高校、短大等	製造			
10ケース以下、または望ま	電気・ガス・熱供給・水道	-.352		.703
しいコースが一定の産業	情報通信	-.326		.722
ref:全学歴・大学・院卒	運輸, 郵便	-.073		.930
製造	卸売	.063		1.065
	小売	-.458		.633
	金融・保険	-.255		.775
	不動産・物品賃貸	.868		2.382
	学術研究, 専門・技術サービス	-.275		.759
	宿泊, 飲食サービス	-.168		.845
	生活関連サービス, 娯楽	-.070		.932
	教育, 学習支援	-.003		.997
	医療, 福祉	-.722		.486
	複合サービス事業	.590		1.805
	その他サービス	.436		1.547
月額賃金（税込）		-.047	*	.954
週実労働時間		.024	*	1.025
勤続期待×望ましいコース	離職想定×一社勤続型	-.032		.969
ref:定年まで×一社勤続	離職想定×転職・独立型	1.831	***	6.242
型	定年まで×転職・独立型	2.268	***	9.665
育成方針：長期育成（ref:短期的研修、放任、他）		-.373		.689
育成方法(MA)	OFF-JT	.087		1.091
ref:非選択	ジョブローテーション	.016		1.016
	自己啓発への支援	-.155	*	.856
定数		-2.442	**	.087

***p＜.001 **p＜.01 *p＜.05
※参照カテゴリは空白、当該モデルに投入されていない独立変数（ケース数 0）は網掛した

付　表

（勤務先の期待する勤続期間と望ましいコース（モデル1））

高校卒			短大等卒			大学・院卒		
82.957			60.145			456.961		
40.994	***		14.186			139.698	***	
.404			.259			.303		
192			90			822		
B	p	Exp(B)	B	p	Exp(B)	B	p	Exp(B)
-.794		.452	-1.291		.275	.499		1.647
-.211		.810	-.363		.696	.379		1.461
.837		2.310				-.446		.640
						-.149		.862
.753		2.123	-.731		.481			
1.215		3.370	.690		1.994	-1.206		.299
						.215		1.240
						-.149		.862
						.107		1.113
						-.170		.844
						-.187		.829
						.886		2.424
						-.391		.676
						.153		1.165
						.468		1.597
						.075		1.078
			-1.320		.267	-.503		.605
2.784	*	16.185				.283		1.328
						.417		1.518
.021		1.022	-.117		.890	-.062	*	.940
.005		1.005	-.022		.978	.031	*	1.032
.816		2.262	1.021		2.776	-.447		.639
			1.539		4.658	1.794	***	6.016
3.192	***	24.346	1.663		5.275	2.253	***	9.519
-1.133		.322	1.028		2.795	-.303		.738
.543		1.721	-.798		.450	.140		1.150
.165		1.179	.231		1.259	-.076		.927
-.352	*	.703	-.196		.822	-.113		.893
-3.345		.035	1.018		2.766	-2.561	**	.077

163

付表 4-11　女性新卒 3 年未満正社員の早期転職希望の規定要因

女性　従属変数:早期転職希望あり=1,なし=0		全学歴		
	-2 対数尤度	675.156		
	χ2	87.912	***	
	Nagelkerke R2 乗	.169		
	N	807		
		B	p	Exp(B)
企業規模	5～99人	.132		1.141
ref:1,000人以上	100～999人	-.085		.918
産業	鉱・砕石・砂利採取			
	建設	.037		1.037
ref:高校、短大等	製造			
10ケース以下の産業	電気・ガス・熱供給・水道	-.756		.470
ref:全学歴・大学・院卒	情報通信	.460		1.585
10ケース以下の産業	運輸、郵便	-.307		.736
＋製造	卸売	.312		1.367
	小売	.354		1.424
	金融・保険	.592		1.808
	不動産・物品賃貸	.730		2.076
	学術研究,専門・技術サービス	.044		1.045
	宿泊,飲食サービス	1.571	**	4.811
	生活関連サービス,娯楽	.919		2.508
	教育,学習支援	-.225		.798
	医療,福祉	.624		1.866
	複合サービス事業	1.019	**	2.769
	その他サービス	.629		1.875
月額賃金(税込)		-.020		.980
週実労働時間		-.002		.998
期待する勤続期間	定年まで	-.294		.745
ref:定年未満	職種・労働者によって異なる	-.112		.894
育成方針×望ましいｺｰｽ	短期促成or放任×一社勤続型	-.250		.779
ref:長期育成	短期促成or放任×転職・独立型	1.259	**	3.522
×一社勤続型	長期育成×転職・独立型	1.477	***	4.381
育成方法	OFF-JT	.291		1.338
(MA)	ジョブローテーション	-.012		.988
ref:非選択	自己啓発への支援	-.072		.931
定数		-1.555		.211

***p＜.001 **p＜.01 *p＜.05
※参照カテゴリは空白、当該モデルに投入されていない独立変数(ケース数 0)は網掛した

付　表

（勤務先の主な育成方針と望ましいコース（モデル2））

	高校卒			短大等卒			大学・院卒	
	108.595			102.849			425.847	
	32.899 **			29.867 *			60.394 ***	
	.335			.316			.178	
	132			136			539	
B	p	Exp(B)	B	p	Exp(B)	B	p	Exp(B)
.207		1.230	.550		1.733	.186		1.205
-.691		.501	.708		2.030	-.127		.880
						-1.035		.355
-1.116		.328	-1.898		.150			
-1.893		.151				-.795		.452
						.431		1.538
						-1.137		.321
						.057		1.059
						.837		2.310
						.427		1.532
						.625		1.869
						.123		1.131
						.431		1.539
						.775		2.171
			.457		1.579	-.582		.559
			-.143		.866	.760		2.139
1.243		3.466				.896		2.450
.047		1.048	-.116	*	.890	-.005		.995
.005		1.005	-.023		.978	.001		1.001
-1.809	*	.164	.262		1.300	-.393		.675
-.518		.596	.200		1.222	-.185		.831
-2.028	*	.132	-1.373		.253	.404		1.498
1.762	*	5.822	1.328		3.773	1.207	*	3.344
-.356		.700	1.980	**	7.241	1.639	***	5.151
1.149		3.155	.704		2.021	.011		1.011
.124		1.133	.101		1.106	-.039		.962
-.063		.939	-.008		.992	-.073		.929
-1.155		.315	.152		1.164	-1.660		.190

165

付表 5-1　初職職種別離職理由（MA、20 歳以上で、初職が正社員であって勤続 3 年未満で離職した者）

単位：%

	男性 専門・技術職	男性 事務職	男性 販売職	男性 サービス職	男性 生産工程職	男性 建設・採掘職	女性 専門・技術職	女性 事務職	女性 販売職	女性 サービス職	女性 生産工程職
労働時間・休日・休暇の条件がよくなかった	33.8	20.2	35.8	49.0	25.7	36.1	31.6	22.4	36.4	48.2	25.5
仕事が自分に合わない	26.8	28.3	42.2	30.3	34.7	21.3	18.7	27.8	34.5	24.1	47.3
人間関係がよくなかった	25.3	25.3	22.5	20.6	27.1	31.1	31.9	36.7	28.2	27.7	30.9
賃金の条件がよくなかった	22.3	23.2	18.1	31.6	22.9	27.9	15.5	15.6	14.6	18.6	7.3
ノルマや責任が重すぎた	12.6	18.2	32.4	13.5	13.9	6.6	19.0	15.8	33.5	18.6	7.3
会社に将来性がない	14.5	23.2	20.6	23.2	17.4	23.0	8.1	10.5	8.3	8.3	10.9
健康上の理由	11.2	8.1	8.3	10.3	10.4	4.9	19.4	13.8	18.9	16.6	7.3
自分の技能・能力が活かせられなかった	13.0	11.1	12.3	9.7	10.4	9.8	12.6	9.4	6.8	4.7	7.3
結婚、子育てのため	2.6	6.1	0.5	3.9	2.1	1.6	14.2	15.1	7.8	5.9	10.9
倒産、整理解雇又は希望退職に応じたため	7.1	8.1	3.9	3.2	7.6	3.3	4.8	5.9	3.4	4.0	7.3
不安定な雇用状態が嫌だった	3.7	2.0	3.9	3.9	6.3	11.5	2.9	2.8	3.4	3.2	5.5
1つの会社に長く勤務する気がなかったため	4.5	4.0	2.9	3.9	5.6	1.6	3.9	3.1	1.5	3.2	1.8
責任のある仕事を任されたかった	1.1	3.0	1.0	1.3	1.4	1.6	3.2	2.3	1.0	2.0	1.8
雇用期間の満了・雇止め	1.5	3.0	0.5	0.0	0.7	0.0	2.3	1.0	0.5	0.8	1.8
介護、看護のため	0.7	2.0	1.0	1.3	0.0	0.0	1.3	0.5	1.5	1.2	0.0
家業をつぐ又は手伝うため	3.0	0.0	0.5	0.6	2.1	0.0	0.3	0.8	0.5	0.8	0.0
独立して事業を始めるため	0.7	0.0	0.0	0.0	0.7	0.0	0.3	0.3	0.0	0.0	0.0
その他	20.1	21.2	16.7	14.2	13.2	23.0	17.4	14.5	16.0	17.0	10.9
無回答	0.4	2.0	1.0	0.0	0.0	0.0	0.0	0.3	0.0	0.0	0.0
合計(N)	269	99	204	155	144	61	310	392	206	253	55

注：強調文字は 30% 以上を示す。

付　表

付表 5-2　初職職種別勤続期間別離職者数（20 歳以上で、初職が正社員であった者）

単位：人

		男性 離職・初職勤続期間 1年未満	1年〜3年未満	3年以上	初職継続	女性 離職・初職勤続期間 1年未満	1年〜3年未満	3年以上	初職継続
中学・高校卒	専門・技術職	27	41	40	209	13	18	16	18
	事務職	5	11	17	193	35	87	106	381
	販売職	6	7	17	29	19	31	39	32
	サービス職	18	28	24	36	37	66	43	29
	生産工程職	37	65	65	275	17	27	34	63
	輸送・機械運転職	4	5	14	61	1	1	1	4
	建設・採掘職	17	30	21	70	1	2	0	0
	運搬・清掃・包装等	4	6	3	16	0	0	2	3
	その他、不詳	8	10	21	45	3	5	6	8
	合計	126	203	222	934	126	237	247	538
短大・専門	専門・技術職	23	54	58	232	54	112	155	279
	事務職	5	12	6	87	28	76	101	270
	販売職	7	5	12	20	16	25	27	20
	サービス職	15	18	10	25	27	44	38	42
	生産工程職	8	17	14	29	4	3	4	4
	輸送・機械運転職	2	3	4	11	0	1	1	1
	建設・採掘職	5	1	6	18				
	運搬・清掃・包装等	0	1	0	4	1	0	0	1
	その他、不詳	3	3	6	14	2	3	1	49
	合計	68	114	116	440	132	264	327	1,384
大学・大学院	専門・技術職	25	99	94	745	36	77	96	595
	事務職	16	50	47	1,187	45	121	139	1,304
	販売職	63	116	76	350	48	67	55	266
	サービス職	30	46	35	123	33	46	40	175
	生産工程職	5	12	7	85	1	3	1	15
	輸送・機械運転職	0	7	3	28	0	1	1	6
	建設・採掘職	4	4	5	47	1	0	0	3
	運搬・清掃・包装等	3	4	2	20	1	0	0	1
	その他、不詳	10	12	17	170	1	8	7	64
	合計	156	350	286	2,755	166	323	339	2,429
合計	専門的・技術的な仕事	75	194	192	1,186	103	207	267	1,262
	事務的な仕事	26	73	70	1,467	108	284	346	2,389
	販売の仕事	76	128	105	399	83	123	121	475
	サービスの仕事	63	92	69	184	97	156	121	501
	生産工程の仕事	50	94	86	389	22	33	39	171
	輸送・機械運転の仕事	6	15	21	100	1	3	3	16
	建設・採掘の仕事	26	35	32	135	2	2	0	6
	運搬・清掃・包装等の仕事	7	11	5	40	2	0	2	7
	その他、不詳	21	25	44	229	6	16	14	156
	合計	350	667	624	4,129	424	824	913	4,983

167

付表 5-3　初職勤続続期間別これまでの経験会社数（性・年齢・学歴別）

		男性 20〜24歳 平均経験会社数*	(N)	男性 25〜29歳 平均経験会社	(N)	男性 30〜34歳 平均経験会社	(N)	女性 20〜24歳 平均経験会社	(N)	女性 25〜29歳 平均経験会社	(N)	女性 30〜34歳 平均経験会社	(N)
中学・高校	1年未満	2.55	31	3.52	48	4.53	47	2.88	34	4.14	43	4.54	48
	1年〜3年未満	2.71	42	3.12	67	3.54	94	2.45	44	3.53	85	4.15	108
	3年以上	2.27	22	2.81	63	3.42	136	2.24	21	2.95	80	3.23	145
	合計	2.56	95	3.12	178	3.65	277	2.56	99	3.43	208	3.77	301
短大・専門	1年未満	2.60	10	2.96	25	3.34	32	2.33	24	3.35	49	4.03	59
	1年〜3年未満	2.29	7	2.70	47	3.14	59	2.27	26	2.95	97	3.49	140
	3年以上	2.00	1	2.77	43	2.51	71	2.33	6	2.45	111	2.96	208
	合計	2.44	18	2.78	115	2.90	162	2.30	56	2.81	257	3.30	407
大学・大学院	1年未満	2.20	15	2.64	70	3.14	70	2.21	14	2.93	84	3.28	68
	1年〜3年未満	2.44	9	2.41	150	2.89	189	2.06	16	2.48	160	3.05	147
	3年以上		0	2.18	72	2.56	212		0	2.34	125	2.70	214
	合計	2.29	24	2.41	292	2.78	471	2.13	30	2.54	369	2.91	429

注：* 平均経験会社数は、不詳を除き、8社以上は8社としたときの平均値。

付表 5-4　離職経験者の初職勤続年数別の現職雇用形態及び今後の働き方の希望

単位：%、太字は実数

			正規雇用	非正規雇用計	うち正社員希望	うち非正規継続	うち独立、その他、不詳	対象数 (N)
男性	中学・高校卒	1年未満	47.6	52.4	31.7	6.3	14.3	126
		1年〜3年未満	52.7	47.3	29.6	4.4	13.3	203
		3年以上	51.4	48.6	36.9	4.5	7.2	222
		合計	51.0	49.0	33.0	4.9	11.1	551
	短大・専門卒	1年未満	60.3	39.7	27.9	5.9	5.9	68
		1年〜3年未満	65.8	34.2	21.9	4.4	7.9	114
		3年以上	69.8	30.2	20.7	3.4	6.0	116
		合計	66.1	33.9	22.8	4.4	6.7	298
	大学・大学院卒	1年未満	68.6	31.4	21.8	1.9	7.7	156
		1年〜3年未満	72.9	27.1	17.7	2.9	6.6	350
		3年以上	75.2	24.8	19.6	1.0	4.2	286
		合計	72.9	27.1	19.2	2.0	5.9	792
女性	中学・高校卒	1年未満	17.6	82.4	33.6	38.4	11.2	125
		1年〜3年未満	21.9	78.1	38.0	26.2	13.9	237
		3年以上	21.5	78.5	37.2	32.0	9.3	247
		合計	20.9	79.1	36.8	31.0	11.5	609
	短大・専門卒	1年未満	26.5	73.5	37.9	24.2	11.4	132
		1年〜3年未満	27.3	72.7	33.7	29.2	9.8	264
		3年以上	28.1	71.9	32.1	26.3	13.5	327
		合計	27.5	72.5	33.7	27.0	11.8	723
	大学・大学院卒	1年未満	39.8	60.2	36.7	13.3	10.2	166
		1年〜3年未満	32.5	67.5	35.3	20.4	11.8	323
		3年以上	28.0	72.0	37.2	20.4	14.5	339
		合計	32.1	67.9	36.4	19.0	12.6	828

索　引

>>> あ <<<

active　60, 65
inactive　60, 62-63, 65
OJT　92
Off-JT　114

>>> か <<<

家族形成　87
学校基本調査　44, 82
キャリアアップ　34, 38, 41, 113-114, 116
キャリア教育　30, 32-33, 37, 40-41, 137
キャリア形成　33, 37, 40-41, 79-80, 89, 92, 94, 96-97, 98, 101-104, 112, 114-117, 121-122, 132-133, 137
教育訓練　41, 79, 92-93, 95, 114, 119, 140
厚生労働省（労働省）　10, 17-21, 29, 46, 62-63, 80-81, 122, 126
個人化　5-7, 10, 43, 51, 57-58, 139, 141, 143
雇用管理　10, 23, 34-35, 37, 39-40, 79-80, 82, 84, 88-89, 92, 94, 96, 101, 116, 140
雇用動向調査　82

>>> さ <<<

再就職　120-123, 130-133, 137
サポステ（地域若者サポートステーション）　30, 32
（卒業後）3年以内離職率　81
自己啓発　93, 95, 102, 105
自己実現　113
自己都合退職　88
七五三（7・5・3）　39, 119
社会保障給付　68-73, 76
若年者雇用実態調査　10, 80, 122
（若年者）トライアル雇用　29, 32
就業構造基本調査　8, 10, 62-63, 139
就職協定　21, 28
就職氷河期（世代）　13, 15, 23-25, 29-32, 38, 141-142
集団就職　19, 43
職業生活への満足度　133, 137

職場環境　88, 114
職場定着指導　19
職場定着　19, 96-97, 101, 108, 112-113, 140
職場への定着　35, 79, 112, 119
ジョブ・カード　31-32, 35, 41
ジョブローテーション　93, 95
新規学卒一括採用　5-6, 8, 10, 13, 21, 26, 39, 43, 57-58, 139
新卒採用　16, 39, 79, 84, 89, 92-93, 95, 97, 100, 102-103, 112
新卒（者）　6, 15, 19-22, 25, 27-29, 34-36, 39, 45, 50, 55, 79-82, 88, 96, 113-114, 119, 121, 139
新卒応援ハローワーク　32
世帯年収　62-63, 70-71
早期離職　7, 10, 80-81, 96, 112, 119-122, 126-127, 129, 131, 136-137, 140, 143

>>> た <<<

中退（者）　7, 10, 35, 43-50, 52, 54-55, 57, 139
中途採用（者）　12, 25
長期安定雇用　115
長時間労働　91, 94, 102, 113
賃金　67, 89-90, 94, 102-103, 105, 109, 113, 116, 132
賃金格差　109, 113, 116
通年採用　27, 39
低賃金　94, 102
定年　15, 80, 83, 87-88, 92-93, 95-98, 100-102, 104, 108-109, 112-115

>>> な <<<

ニート　10, 29-30, 34, 60-73, 75-77, 139-140
ニートが属する世帯　66
日本的雇用システム　6, 12-13, 115
能力開発　37, 39, 79, 88, 100, 114, 132, 143

>>> は <<<

非正規雇用　14, 25-26, 30-32, 38-40, 47,

169

121, 128-132, 133-134, 136-137
非典型雇用　79
一人一社制（1人1社制）　28
不本意非正規　26, 129-131, 134, 136
不本意離職　97, 102, 112-114, 140
フリーター　23-24, 26, 29-32, 34, 38

>>> ま <<<

無業世帯　61, 72-73, 75, 139

>>> ら <<<

離職理由　113, 126-127, 132-133, 136-137, 140
労働時間　88-89, 91, 103, 105, 109, 127-128, 132, 136-137, 140
労働条件　40, 88-89, 94, 105, 113
労働政策研究・研修機構　44-55, 57, 62-63, 79, 92, 114
ロストジェネレーション（ロスジェネ）　15, 31

>>> わ <<<

若者雇用促進法（「青少年の雇用の促進等に関する法律」）　35, 40, 45, 143
わかものハローワーク　32, 34

【執筆者略歴】(五十音順)

岩脇　千裕（いわわき　ちひろ）
　労働政策研究・研修機構　副主任研究員
　主な著作に、JILPT 調査シリーズ No.164『若年者の離職状況と離職後のキャリア形成（若年者の能力開発と職場への定着に関する調査）』（労働政策研究・研修機構、2017 年、共著）など。教育社会学専攻。

金崎　幸子（かなざき　ゆきこ）
　労働政策研究・研修機構　研究所長（2017 年 3 月時点）
　労働省職業安定局で若年者雇用対策、当機構でキャリアガイダンス及び人材育成の調査研究を担当。

小杉　礼子（こすぎ　れいこ）
　労働政策研究・研修機構　特任フェロー　博士（教育学）
　主な著作に、『若者と初期キャリア―「非典型」からの出発のために』勁草書房、2010 年、第 33 回労働関係図書優秀賞。教育社会学専攻。

堀　有喜衣（ほり　ゆきえ）編者
　労働政策研究・研修機構　主任研究員　博士（社会科学）
　主な著作に、『高校就職指導の社会学―「日本型」移行を再考する』勁草書房、2016 年。教育社会学専攻。

JILPT 第3期プロジェクト研究シリーズ No.3
「個人化」される若者のキャリア

2017年3月31日　第1刷発行

編　集　（独）労働政策研究・研修機構
発行者　理事長　菅野和夫
発行所　（独）労働政策研究・研修機構
　　　　〒177-8502　東京都練馬区上石神井4-8-23
　　　　電話 03-5903-6263
印刷所　株式会社 精興社

ⓒ2017 JILPT　ISBN 978-4-538-52003-2　Printed in Japan